중국어 운율과 문법
韵律和语法

韵律和语法 by 柯航

ISBN：9787548613343©学林出版社 2018

本书韩文版专有出版销售权由上海世纪出版股份有限公司学林出版社授予亦乐出版社，
仅限在大韩民国境内销售。

未经上海世纪出版股份有限公司学林出版社和亦乐出版社许可，
不得以任何手段和形式复制或抄袭本书内容。

중국어 운율과 문법 by 커항

ISBN：9787548613343©학림출판사 2018

이 책의 한국어판 저작권은 상하이세기출판주식유한공사 학림출판사와 직접 계약으로
역락출판사가 소유합니다.

판매는 대한민국 내로 제한하며,

상하이세기출판주식유한공사 학림출판사와 역락출판사의 승인 없이 어떤 수단과 형태로든
이 책의 내용에 대한 무단 복제 및 표절을 금합니다.

중국어 언어학 쟁점 연구총서
선자쉬안 沈家煊 주편

중국어 운율과 문법
韵律和语法

커항 柯航 지음 · 이선희 李善熙 옮김

역락

총서 머리말

/

沈家煊[1]

　이 총서를 출간하게 된 동기는 다음과 같은 생각에서 나왔다. 언어학 영역에서 우리는 오랫동안 외국(주로 서양)에서 들여온 이론과 방법을 끊임없이 학습하고 참고하면서 효과를 보기도 하였다. 특히, 일부 영역에서는 두드러진 효과가 있기도 하였다. 그러나 총체적으로 말하면, 외국의 이론을 중국어에 운용하는 것은 옷깃을 여미니 팔꿈치가 나오거나 둥근 구멍에 모난 기둥을 박는 것 같은 모순을 피할 수가 없으니, 아무래도 억지스럽고 자연스럽지가 않다. 이에 대해 启功(1912~2005)[2]선생은 다음 예를 든 적이 있다. 아이들의 고리던지기 게임에서 작은 고리는 작은 쥐만 잡을 수 있는데, 인도·유럽어 '문법(grammar)'은 작은 고리여서 중국어라는 큰 판다를 잡을 수는 없다는 것이다. 이러한 느낌은 논쟁이

---

1) 역자주: 중국의 저명한 언어학자. 중국사회과학원 언어연구소 소장, 중국언어학회 회장 역임. 현재 중국사회과학원 연구원. 인지언어학, 영어와 중국어 문법 비교, 중국어 문법의 화용과 인지 연구 등에 걸쳐 다수의 논저가 있음. 주요 저서로는 『不对称与标记论』, 『名词和动词』 등이 있다.
2) 역자주: 중국 저명한 서예가, 고문헌 학자. 베이징사범대학교(北京师范大学) 교수, 중국 서예가협회 명예주석 등을 역임. 주요 저서로는 『古代字体论稿』, 『汉语现象论丛』 등이 있다.

있는 몇몇 핫 이슈에서 더욱 두드러지게 나타난다. 그리고 한때 핫 이슈였던 것들, 예를 들면 품사 문제, 단문·복문 문제 등도 한동안 논쟁의 열기는 식었지만, 문제점들이 결코 해결된 것은 아니어서 아직도 가끔씩 튀어나와 우리들을 곤혹스럽게 한다. 또 어떤 경우는 외국에서 새로운 이론이 나왔는데, 이를 중국어를 처리하는 데 사용하면서 또 다른 새로운 논쟁거리를 자아내기도 한다. 예를 들면, 문장성분의 위치 이동 문제, 음보(音步)3)와 운율의 문제 등이 그렇다. 이러한 문제들이 새로운 논쟁거리가 되는 까닭은 역시 새로이 가져와 적용한 이론이 매끄럽게 통하지 않고 조화가 되지 않는 부분이 많기 때문이다. 그 밖에 일부 문제들, 예를 들어 주어와 목적어 문제 같은 것은 일찍이 논쟁거리가 되었으나 뒷날 문제가 기본적으로 해결되어 공통된 인식을 얻기도 하였다. 하지만 주어와 화제처럼 새롭게 나타나 계속하여 논쟁이 끊이지 않는 문제가 된 것들도 있다. 주목할 만한 것은 주어, 목적어 문제가 기본적으로 해결되어 공통된 인식에 이른 것이 바로 인도·유럽어의 주어, 목적어 관념에서 벗어난 결과라는 것이다.

외국의 이론은 끊임없이 새로워지고 있고, 또 새로운 이론이 나올 때마다 우리는 쫓아간다. 하지만 남들은 이미 새롭게 변화하여 원래의 이론 틀을 버린다고 밝혔는데도, 우리는 여전히 낑낑거리며 이전의 그 낡은 틀에 따라 사고하고 연구하면서, 어찌할 바를 몰라 하는 느낌을 가지는 경우도 있다. 이에 많은 사람들이 이러한 상태를 지속하는 것이 능사는 아니라고 느끼면서, 현재의 상황을 바꾸어야 한다고 생각하였다. 하

---

3) 역자주: 시가의 박자에 있어서 운율을 이루는 기본 단위이고 박자는 어휘에 의해 결정된다. 중국 시(詩)의 한 구(句)는 어휘 수만큼의 박자로 구성되므로 음보도 박자의 수와 같다.

지만 언어의 '보편성'을 중시하고, 또 이를 드러낸다는 이유를 들어 현재 상황을 유지하려고 하는 사람들도 적지 않다. 그렇지만 그들이 말하는 '보편성'이란 사실 남들이 제기한 이론을 기준으로 한 것으로, 오히려 중국어의 특수성은 홀시되거나 무시되었다.

보편성도 특수성 속에 들어있다. 언어의 특수성이 없는데 언어의 보편성이 어디서 오겠는가? 근래에 국제 언어학계에서는 인류 언어의 본질을 분명하게 알기 위해서는 먼저 언어의 다양성을 충분히 이해해야 한다는 인식이 점차 형성되고 있다. 나의 친구 朱曉農(1952-)⁴⁾은 보편성을 뜻하는 영어의 universals는 중국어로 번역할 때, 발음과 의미를 함께 살려 '요우니워스(有你我式)', 즉 너만 있고 나는 없는 것이 아니라, 너 속에 내가 있고, 내 속에 네가 있다는 말로 번역해야 한다고 하였다. 나는 여기에 십분 동의한다. 내가 알기로 많은 외국의 학자들도 우리가 단지 그들을 따라가기만을 바라지 않고, 그들을 일깨울 수 있는 중국어의 언어 사실에 근거한 새로운 견해와 목소리를 듣고 싶어 한다.

100여 년 동안 서양 학문이 점차 동쪽으로 밀려들어왔고, 언어학 영역에서도 서양을 배우고 이를 거울로 삼고자 하는 노력이 줄곧 끊이지 않았다. 하지만 다른 한편에서는 인도·유럽어의 전통 관념의 속박에서 벗어나고자 하는 노력 또한 줄곧 멈추지 않았다. 우리의 선배들은 일찌감치 우리들을 위해 방향을 확실하게 제시하였고, 한발 더 나아가 인도·유럽어의 전통 관념의 속박을 벗어나려고 하였다. 바로 朱德熙(1920-1992)⁵⁾선생께서 생전에 말씀하신 것처럼, 대부분의 논쟁거리는 이러한

---

4) 역자주: 중국의 언어학자. 주로 실험언어학 연구에 종사. 현재 홍콩과학기술대학교 교수로 재직.

관념의 영향으로 인해, 먼저 들어온 이론을 위주로 하였으므로 중국어 문법 본연의 모습을 제대로 보지 못하게 되어 야기된 것들이다. 만약 우리가 이러한 교란에서 벗어나 소박한 안목으로 중국어를 보았다면, 많은 문제들은 애당초 발생할 리가 없었을 것이다. 또 朱선생은 훗날 사람들이 지금을 보는 것이 지금 사람들이 과거를 보는 것과 마찬가지라고 하셨는데, 오늘날에도 부지불식간에 전통 관념의 지배를 받고 있는 것은 훗날 사람들이 바로잡기를 기다려야 할 것이다. 朱선생께서 우리에게 남기신 학술 유산 중에 중요한 관점 하나는, 동사가 주어나 목적어가 될 때 인도 · 유럽어와 같은 '명사화'가 없다고 한 것이다. 이것은 외국 이론의 교란을 벗어난 실천으로, 우리에게 모범이 되었다.

吕叔湘(1904-1998)[6]선생과 朱德熙선생의 견해는 일치하는데, 두 분은 만년에 문법연구를 함에 있어 '크게 타파해야 한다(大破特破)'라고 호소하였다. 그들은 '단어', '동사', '형용사', '주어', '목적어' 등의 명칭은 잠시 제쳐두고, 이전에는 감히 한번 건드려 보지도 못했던 조목 하나하나에 과감하게 부딪히고자 하였다.

吕선생과 朱선생께서 말씀하신 것은 문법연구에 대한 것이지만, 우리에게 가리켜준 방향은 중국어 연구 전반에 적용된다. 중국어 문법은 '대문법(大语法)', 즉 언어를 구성하고 운용하는 방법으로, 음성과 의미, 용법을 모두 포함한다. 과거에 '소문법(小语法)'에 근거하여 중국어의 문법을

---

5) 역자주: 중국의 저명한 언어학자, 문법학자. 吕叔湘선생 등과 함께 중국 언어학 연구에 걸출한 업적을 남김. 칭화대학교(清华大学), 베이징대학교(北京大学) 교수 역임. 주요 저서로는 『语法修辞讲话』(吕叔湘과 공저), 『定语和状语』, 『现代汉语语法研究』, 『语法讲义』, 『语法答问』 등이 있다.

6) 역자주: 중국의 저명한 언어학자. 윈난대학교 교수, 중국사회과학원 연구원, 중국사회과학원 언어연구소 소장 역임. 주요 저서로는 『中国文法要略』, 『汉语语法分析问题』 등이 있다.

이해한 것 자체가 바로 인도·유럽어 전통 관념의 영향을 받은 것이다.

이 총서를 기획하게 된 출발점은 바로 "교란에서 벗어나서 크게 타파해야 한다(擺脫干扰, 大破特破)"는 두 선생님의 호소에 대한 호응이다. 근래에 들어서 이 부분의 노력이 두드러지게 나타나 약간의 새로운 진전이 있었다. 이제 이에 대해 부분적으로 결론을 맺고, 사고의 맥락을 조리 있게 정리하면서 방향을 명확하게 한 후, 다시 계속해서 앞으로 나아갈 필요가 있다. 따라서 이 총서는 '타파와 수립 총서(破立丛书)'라 불러도 좋다. 매 책마다 하나의 구체적인 쟁점에 대해 먼저 선행연구를 정리, 평가, 분석하면서, 전통 관념을 타파하고 이의 교란에서 벗어나야 하는 필요성을 피력한 후, 새로운 관점을 제시하고 논증을 진행하였다. 이렇게 구성한 데는 독자로 하여금 문제의 내력과 쟁점을 분명하게 이해하게 함으로써 사고를 유연하게 하여 고정관념을 줄이게 하려는 목적이 있다. 이러한 구상은 다행히 학림출판사學林出版社의 지지를 얻어 실현될 수 있었다. '타파를 최우선으로 삼고, 그 속에서 건립한다(破字当头, 立在其中)'라고 말은 하지만, 진정으로 건립하는 것은 결코 간단하고 쉬운 일이 아니어서, 어렵고 고달픈 작업이 남아있다. 지금 책 속에서 열거된 새로운 관점과 생각들은 아직 보완하고 개선해야 할 필요가 많이 있고, 심지어 수정하거나 교체해야 할 가능성도 있다.

이 총서를 기획한 또 하나의 출발점은 바로 집필 방법이다. 총서에서 서술하려는 내용들은 난해한 학술적 문제이지만, 이해하기 쉽게 통속적으로 쓰고자 하였다. 그래서 이해하기 어려운 명칭과 전문용어는 가급적 배제하고 편폭도 약간 짧게 하여, 한 책자가 하나의 문제를 다루도록 하였다. 이로써 일반 독자들이 심오하고 복잡하게 느끼지 않도록 함으로써, 핵심내용을 터득하지 못한 채 보기만 해도 두려움이 생기는 것을 피하였다. 물론, 이러한 점들을 실행에 옮기는 것은 결코 쉬운 일이 아니어서 지금의 모습 역시 개선의 여지가 많다.

우리는 이 총서가 전문적으로 언어 연구에 종사하는 사람과 언어학 분야의 전문가 혹은 갓 입문한 독자, 외국어와 모국어 교육을 포함한 언어를 교육하는 많은 교사들에게 어느 정도 일깨움과 도움을 줄 수 있기를 바란다. 또 언어 문제에 관심이 있는 일반인과 언어 프로그램, 정보 처리, 언어심리, 언어철학, 사회언어학 등 분야의 독자들도 이 총서를 통해 지식과 깨달음을 얻게 되기를 기원한다.

2017년 12월 12일

목
차

머리말

／

柯 航

제1절 운율의 함의

'운율(韵律)'이라는 말은 일반 독자들에게는 '시(诗)나 사(词)의 평측(平仄)과 압운(押韵) 규칙(诗词中的平仄格式和押韵规则)'(『现代汉语词典(第6版)』)을 가리키는 말일 것이다. 이 정의는 협의의 '운율' 개념인데, 이러한 운율에 대한 연구는 중국 고대어문학 시기로 거슬러 올라간다.

중국어는 예로부터 운율의 기능을 중시하여, 말을 하거나 글을 쓰는 데 있어 성운(声韵)의 조화에 신경을 썼다. 王力(1900-1986)[1]는 『汉语诗律学』에서 다음과 같이 주장하였다.

시가의 기원은 일반사람들의 상상을 뛰어넘을 정도로 이르다. …운문(韵文)은 운어(韵语)를 기초로 하는데, 운어가 문자 탄생 훨씬 이전에 생겼다는

---

1) 역자주: 字는 了一이며, 广西博白县이 고향. 중국의 언어학자, 교육가, 번역가, 산문가, 시인, 중국현대언어학의 기초를 닦은 학자 중 한 명. 1954년부터 베이징대학교(北京大学) 교수 역임. 언어학의 여러 방면에 관한 40여 권의 저서와 200편에 가까운 논문을 집필하였으며, 대표작으로는 ≪中国音韵学≫, ≪中国现代语法≫ 등이 있다.

것은 조금도 의심할 여지가 없다.

(诗歌起源之早，是出于一般人想象之外的。……韵文以韵语为基础，而韵语的
产生远在文字的产生之前，这是毫无疑义的。)

운어는 시가 외에도 격언, 속어와 속담 및 운이 있는 모든 글을 포괄한다.
예를 들어, 후대의 汤头歌诀2)와 六言의 告示3)도 있다. … 이론을 밝힌 옛 사
람들의 저서 중에는 『老子』처럼 전체적으로 운어를 사용한 것도 있다. 또
부분적으로 운어를 사용한 것으로는 『荀子』, 『庄子』, 『列子』, 『文子』, 『吕氏春
秋』, 『淮南子』, 『法言』 등이 있다. 文告4)와 卜易,5) 铭刻6) 등에도 압운 어구가
섞여 있는데, 예를 들면 『尚书』, 『易经』, 주대(周代)의 金石文字7)가 그러하다.

(韵语除了诗歌之外，还包括着格言，俗谚，及一切有韵的文章。譬如后代的汤头
歌诀和六言告示……古人著理论的书，有全部用韵语的，例如『老子』。有部分用韵
语的，如『荀子』, 『庄子』, 『列子』, 『文子』, 『吕氏春秋』, 『淮南子』, 『法言』等。文
告和卜易铭刻等，也掺杂着韵语，例如『尚书』, 『易经』和周代的金石文字。)

그런데 당대(唐代)에 와서는 시가의 형식이 더욱 획일화되는 추세여서
평측, 대장(对仗) 그리고 시의 글자 수에 대해 매우 엄격한 규정이 있었다.
『唐韵』으로 서명을 바꾼 『切韵』8)이 압운의 기준이 되었다. 시가는 예술
적인 언어 작품이고, 시와 사의 격률에서 말하는 소리의 고저(高低)·기
복(起伏)과 휴지(休止)·곡절(曲折 起伏), 평측 압운(平仄押韵) 등은 모두 음절들

---

2) 역자주: 청대(清代)의 의학서로 1694년에 출간. 명의가 내린 한약의 처방과 조제를 편리하
　 게 기억하고 사용할 수 있도록 노래 형식의 운문으로 읊은 것.
3) 역자주: 한 구절이 6언으로 이루어진 포고문(布告)과 게시(揭示).
4) 역자주: 아랫사람에게 예악교화를 일깨워 주는 글.
5) 역자주: 고대에 점을 치던 『역경(易经)』으로 점괘를 뽑는 것.
6) 역자주: 금석(金石) 등의 기물에 주조하거나 새긴 문자.
7) 역자주: 쇠로 만든 종이나 돌로 만든 비석 등에 새겨진 글자.
8) 역자주: 수(隋)의 육법언(陆法言)이 저술한 음운서로, 중고한어 음성 연구의 가장 중요한
　 근거가 되며, 후세의 당운(唐韵)·광운(广韵) 등의 저본이 됨.

을 자연스러운 규칙에 맞게 만들려는 것이기 때문에 이는 어렵지 않게 이해할 수 있다. 따라서 중국어의 '운율' 특징에 관해서 예로부터 오늘날까지 이미 많은 학자들의 깊이 있는 연구가 진행되었고, 많은 예리한 견해들이 도출되었다.

시가와 운문에 비해 산문은 앞뒤 구(句)의 평측이 서로 대응이 되도록 요구하지 않고, 매 구절마다 압운을 할 필요는 없으므로 운율에 대해 아무런 요구가 없는 것처럼 보인다. 하지만 사실은 그렇지 않다. 예를 들면, 산문은 평측과 압운을 그다지 중시하지는 않아도 음절의 길이를 선택함에 있어서 음률의 조화 문제는 고려하였다. 郭绍虞[9](1938)는 다음과 같이 언급하고 있다.

欧阳修의 『醉翁亭记』에는 '太守归而宾客从也(태수가 돌아가니 손님이 따라 나선다)'라는 구절에서 '宾客(빈객)'는 2음절 단어이지만, '太守与客来饮于此(태수는 손님들과 더불어 이곳에 와서 술을 마신다)'와 '觥[10]筹[11]交错, 坐起而喧哗者众宾欢也(술잔과 산가지가 어지럽게 뒤섞여 있고, (사람들이)일어섰다 앉았다 왁자지껄 떠드는 것은 많은 손님들이 즐거워하는 모습이다)' 등 여러 구절에서 사용된 '宾' 또는 '客'는 또 모두 1음절 단어이다. 이는 단어의 1음절과 2음절은 서로 바꿀 수 없다는 것이며, 또 두 개의 1음절 단어인 '宾'과 '客'도 서로 대체할 수 없다는 것이다.

(欧阳修的≪醉翁亭记≫文中, '太守归而宾客从也'句, '宾客'是复音语词; 至如 '太守与客来饮于此'及'觥筹交错, 坐起而喧哗者众宾欢也'诸句, 所用的'宾'或'客', 又都是单音语词了。这不仅语词的单复之间不能更换, 即如'宾'和'客'两个同样是

---

9) 역자주: 1893-1984. 중국의 저명한 교육가, 고전문학가, 언어학자, 서예가. 푸단대학(复旦大学)교수 및 중국과학원 학부위원 역임.
10) 역자주: 觥gōng 고대의 술잔.
11) 역자주: 筹chóu 대나무 등으로 만든 막대를 일정한 방법으로 늘어놓아 숫자를 계산하는 방법 또는 그 막대.

単音词, 也是不能代替的。)

郭绍虞의 글에는 1음절과 2음절 단어가 왜 호환할 수 없는지에 대한 설명이 없지만, 우리는 '太守归'가 [2+1] 형식이므로 이와 대칭적인 조화를 위해서 뒤에도 역시 [2+1] 형식이 가장 좋다는 것을 알 수 있다. 따라서 '宾客'와 '宾' 또는 '客'는 의미가 서로 같더라도 호환할 수 없다. 이것은 수사적인 문제이자 운율적인 문제이다. 여기서 말하는 '운율'은 앞뒤 문장 간의 음절 수의 대칭이다. 이로써 중국어에서는 음절의 수 역시 성운의 조화에 영향을 미치는 중요한 요소 중 하나임을 알 수 있다.

현대 언어학에서 말하는 '운율(prosody)'은 전통에서 말하는 것과는 다소 차이가 있다. 그것은 현대언어학에서의 초분절 음성학(suprasegmental phonetics, 超音段语音学)과 음운론(phonology, 音系学)의 용어로 음의 높이, 음량, 말의 속도, 리듬 등의 변화를 가리킨다.(『现代语言学词典』 D. Crystal저, 沈家煊역, 2000) 전통적인 용법과 구별하기 위하여 언어학에서는 '운율 자질(韵律特征, prosodic features)'[12]이라는 명칭을 사용하는 경향이 있다. 넓은 의미로 보면, 흔히 말하는 강세(重音), 성조(声调), 어조(语调), 음절 수 등도 모두 운율 자질에 속한다.

'운율'은 '율격(节律, rhythm)'이라고도 불린다. 마찬가지로, '운율 자질'도 어떤 책에서는 '율격 자질(节律特征)'이라고 부르기도 한다. 물론, 율격 음운론(节律音系学, metrical phonology)에서는 '율격'이라는 용어가 특수한 함

---

12) 역자주: 변별 자질을 분류한 것 가운데 하나로 음소가 가지는 특성 외에 의미상의 차이를 가져오는 소리의 자질. 강세 자질, 음장 자질, 성조 자질 따위가 이에 해당한다. 한국어의 경우에는 음장 자질이 의미를 변별하는 요소로 작용하는 중요 자질이다. 출처: 네이버 국어사전.

의로 발전하였다. 그러나 현대 음운론에서의 '운율'은 운율음운론(韻律音
系学, prosodic phonology)에서 제기된 것이다.

張洪明13)(2014)은 특히 율격음운론과 운율음운론은 서로 다른 음운 이
론이며, 양자는 취지와 내용, 방법에서 모두 차이가 있다고 지적하였다.
전자는 음운론의 한 갈래로 리듬을 전문적으로 연구한다. 연구 내용에는
강세의 특수한 속성을 해석하는 데 쓰이는 운율 격자(节律栅, metrical grid)
및 운율 격자 구조의 기본 매개변수(基本参数)를 포함한다.14) 예를 들면,
율격 구조를 어떻게 제약할 것인지, 음절(또는 더 정확하게는 음절핵(音节核,
syllable core)을 어떻게 더 큰 율격 단위로 조합할 것인지, 그리고 강세(특히
단어강세)가 이러한 조합 과정을 어떻게 반영할 것인지와 같은 것이다. 후

---

13) 역자주: 언어학자. 미국 위스콘신대학교 매디슨캠퍼스(University of Wisconsin-Madison)
   교수.
14) 역자주: 격자이론은 강세에 관해 명료하면서 시각적 효과를 살리는 도표식의 장치로, 강
   세에 관한 정보를 새로운 방식으로 나타낸다. Liberman & Prince(1977:LP)는 언어의 강세
   를 음절, 단어, 통사구를 구성하는 계층적 리듬구조(hierarchical rhythmic structure)로 파악
   하여 구성 성분 간 리듬 현상을 규명했다. 그 이후 강세와 리듬에 관한 연구는 수형구조
   없는 격자단독이론과 수형구조 단독이론, 수형-격자이론의 세 가지로 나뉜다. 격자이론
   은 이후 Selkirk(1984)에 이르러 더욱 확대된다. 격자 구성의 원칙은 다음과 같다.
   (a) 각 음절에 격자표시를 하여 제1층을 이룬다.
   (b) 강세가 있는 음절도에 제2층의 격자표시를 한다.
   (c) 단어의 주강세에 제3층의 격자표시를 한다.
   (d) 중핵어 강세 규칙이나 복합어 강세 규칙에 제4층 혹은 그 이상의 층에 격자를 표시한다.
   격자구조를 사용하여 Belgian farmers grow tulips라는 표시하면 다음과 같다.

			x	L_4
	x		x	L_3
x	x	x	x	L_2
x x	x x	x	x x	L_1
Belgian	farmers	grow	tulips	

출처: 조담옥(1999), 「영어리듬의 격자구조적 분석」, 『현대문법연구』 제9권 p.185-204.

자가 연구하는 것은 운율 구조의 위계 단위로, 특정한 운율 구조의 단위가 어떻게 정의되고, 구성 및 확정되는지, 그리고 운율위계 수형구조(层级树, hierarchical tree)가 어떻게 구축되는지를 포함한다. 그러므로 그는 '운율'과 '율격'은 완전히 다른 두 용어이므로 혼동해서는 안 된다고 보았다.

이 책에서는 기본적으로 『現代语言学词典』의 정의에 따라 '운율'이라는 개념을 사용하지만, 관련 연구를 소개할 때에는 인용과 서술의 편의를 위해 엄격하지 않게 '율격'으로 '운율'을 대신 지칭할 수도 있음을 밝힌다.

제2절 운율 자질과 통사 의미의 관계

운율 자질은 음운의 일부이지만, 언어 체계의 형태, 통사, 의미, 화용 등과 모두 서로 영향을 미친다. 예를 들어보자.

(1) 她看起来不高兴。(그녀는 기분이 좋지 않아 보인다.)

이 문장에서 강세는 '她(그녀)', '看(보다)', '不(아니다)', '高兴(기쁘다)' 등 여러 곳에 위치할 수 있으며, 각각의 강세 위치는 서로 다른 화용적 의미를 나타낸다. 만약 청자가 "她怎么了?(그녀가 왜 그러지?)"라고 묻는다면 화자가 강조하는 것은 아마도 "不高兴(기분이 좋지 않아서요)"일 것이며, 이는 역시 가장 일반적인 읽기 방법이다. 그런데 만약 청자가 "谁不高兴?(누가 기분이 좋지 않아요?)"라고 묻는다면, 화자는 '她'를 두드러지게 말해야 한다. 또 그녀가 매우 기쁠 것이라고 청자가 예상한다면, 화자는 실제 사실은 청자가 아는 정보와 상반된다는 것을 강조하기 위해서 강세를 사용하여 '不'를 강조할 것이다. 그런데 만약 '看'에 강세를 주어 읽는다면, 화자가 표현하고자 하는 메시지는 아마도 '실제 상황은 보이는 그녀의 모습과 다르다'일 것이다.

강세는 또 통사 정보를 나타내기도 한다. 예를 들어보자.

(2) a. 'blackbird
   b. black 'bird

만약 강세를 첫 번째 단어에 둔다면((2)a) 하나의 합성어가 되며, 의미는 '대륙 검은 지빠귀(Turdus merula)'이다. 그런데 강세를 두 번째 단어에 둔다면((2)b) 관형어-중심어로 이루어진 구가 되고, 의미는 '검은 새'가 된다. 결국 구인지 단어인지는 강세의 위치로 구분되는 것이다.

林燾[15](1962)는 한 언어의 구조적인 관계는 음성 현상(음성의 휴지, 고저, 강약 등 포함)에 반영되기도 한다고 지적하였다. 그는 또 만약 음성적 특성을 고려하지 않으면 일부 통사 구조는 아예 분석이 불가능하다는 것을 예를 들어 설명하였다. 예를 들어보자.

(3) 我不去叫他去

예(3)은 휴지와 독음의 강약에 따라 다양하게 해석할 수 있다. 만약 첫 번째 '去(가다)' 뒤에 큰 휴지를 두고, '他(그)'와 두 번째 '去'를 모두 약하

---

15) 역자주: 1921-2006, 중국의 저명한 언어학자. 음운과 음성, 음성과 문법의 관계 및 실험 음성학 방면의 연구를 주로 진행함.

게 읽지 않는다면 문장 전체는 두 개의 단문으로 구성되는데, 그 중 두
번째 단문은 겸어구조(递系结构)가 된다.16) 만약 전체 문장 중에 비교적
큰 휴지가 없고, '他'와 두 번째 '去'를 모두 약하게 읽으면 문장 전체는
하나의 단문으로 구성되는데, 이때 '叫他去'는 단문의 일부로 겸어구조는
아니다.17)

　마찬가지로, 유명한 예문 '下雨天留客天天留我不留'가 다양한 해석이
가능한 이유도 역시 휴지의 위치와 어조의 차이 때문이다. 예문을 통해
살펴보자.

> (4) a. 下雨, 天留客, 天天留, 我不留。(天天下雨, 我不想留)
>   (비가 오는 건 하늘이 손님 붙잡는 것, 날마다 붙잡지만, 나는 머물
>   지 않아.) (날마다 비가 오기 때문에 나는 머물고 싶지 않다)
>   b. 下雨天, 留客天, 天留我？ 不留！(下雨与天留人无关)
>   (비가 오는 날은 손님을 붙잡는 날, 하늘이 나를 붙잡을까? 붙잡지
>   않네!) (비가 내리는 것과 하늘이 사람을 붙잡는 것은 무관하다.)

　위의 예에서 알 수 있듯이 운율 자질은 자연 언어에서 상당히 중요한
역할을 한다. 뭇宗济는 일찍이 다음과 같이 말한 적이 있다.

　한 사람이 말을 할 때 자신이 표현하는 말투와 분위기는 의도와는 무관
하게 모두 운율과 관계가 있다. 운율 자질의 변화는 화자가 하는 말의 의미
를 청자가 더욱 잘 이해하도록 도와준다. 말하는 사람의 말투, 태도, 감정적
색채, 개인적 특징이 문장의 운율 자질에 모두 구체적으로 표현되면서 문장
속 음절의 운율 자질은 다양한 변화를 일으키게 된다. 화자가 표현하고자

---

16) 역자주: 이때 의미는 '나는 가지 않을 테니 그에게 가라고 해라'가 된다.
17) 역자주: 이때 의미는 '나는 그를 부르러 가지 않을 것이다'가 된다.

하는 생각은 바로 운율 자질의 변화를 통해서 확실하게 나타나는 것이다.

(一个人所说的语言, 不论其经意与否, 其表达的语气, 情调都和韵律有关。韵律
特征的变化, 可以帮助听者更好地理解说话人的语义。说话人的语气, 态度, 感情色
彩, 个人特点在句子的韵律特征中都有所体现, 从而使句中音节的韵律特征产生各种
各样的变化, 而说话人所要表达的思想正是通过韵律特征的变化得到确切体现的。)
(蔡莲红등 2001)

가상해 보건대, 만약 운율 자질과 관련한 어떠한 정보도 추가하지 않
은 채 '下雨天留客天天留我不留'의 발음만을 하나하나 컴퓨터에 입력한
후 컴퓨터가 합성하여 문장을 만들도록 한다면, 아마 그 말의 정확한 의
미가 무엇인지 알 수 있는 사람은 없을 것이다. 이처럼 한 마디 말 안에
있는 매 글자의 독음을 하나씩 기계적으로 읽는 방법은 배우가 기계의
발성을 모방할 때 흔히 사용된다. 따라서 운율은 음성 연구의 기본적인
과제일 뿐만 아니라 문법, 의미와도 밀접한 관련을 가진다.

중국어는 음절 수의 많고 적음도 역시 문법과 관련이 있다. 吕叔湘은『现
代汉语八百词』에서 1음절과 2음절이 단어나 구의 구조에 미치는 영향이
중국어 문법의 특징 가운데 하나라고 명확하게 지적하였다. 예를 들면,
한 사람의 성이 '张(장)'씨라고 하면 그를 '老张(장형)' 또는 '小张(장군)'이
라고 부르는데, 만약 그의 성이 '欧阳(구양)'이라고 하면, 그를 부를 때는
'欧阳'이라고만 할 뿐, '老欧阳'이나 '小欧阳'이라고 하지는 않는다. 한편,
'法国(프랑스)'에서 '法'와 같은 1음절의 지명에는 반드시 그것이 속하는
종류의 명칭인 国(나라)'를 붙이지만, '日本(일본)'처럼 지명이 2음절의 경
우에는 '国'를 붙일 필요가 없다. 숫자도 유사한 경우가 있는데, 한 달의
첫 열흘은 반드시 '一号(1일)'……'十号(10일)'처럼 '号(일)'를 붙여야 하지

만, '十一(11일)' 이후에는 '号'를 붙여도 되고 붙이지 않아도 된다. 이는 현대중국어 어구의 구조가 1음절과 2음절의 영향을 받는다는 것이다.

사실, 중국인들은 음절 수에 특히 민감해서 시를 짓거나 산문을 쓸 때 모두 '음절 수에 의거하여 구상을 하고자(凭借音节数目来构思)'[18) 하였기 때문에, 대체로 유사한 의미의 1음절과 2음절도 풍격의 색채와 의미, 문법에서 차이가 있다.(沈家煊, 2017a) 그러므로 중국어 운율문법 연구에서 음절 수와 통사와의 관계는 줄곧 연구의 중점이 되어왔다.

---

18) 저자주: 赵元任 『汉语词的概念及其结构和节奏』, 王洪君역, 『赵元任语言学论文集』에 수록, 商务印书馆, 2002년.

『韵律和语法』은 沈家煊 선생님이 주편한 '중국어 언어학 쟁점 연구총서' 가운데 한 권이다. 沈家煊 선생님이 이 총서 머리말에서 언급한 바와 같이, 『马氏文通』 이래 중국의 언어학 연구자들은 부단히 외국의 이론과 방법을 공부하고 이를 참고하여 중국어 현상을 분석하였는데, 이는 나름의 효과도 있었지만 억지스럽고 부자연스러웠으며, 심지어는 '옷깃을 여미니 팔꿈치가 나오는 것'과 같은 모순도 피할 수가 없었다. 중국어 운율문법 연구에서의 논란도 이러한 문제 중의 하나이다. 이 책에서 필자는 논쟁이 가장 집중된 두 가지 언어 현상을 중점적으로 선택하여, 동일한 문제에 대해 상이한 이론과 입장에서 제시한 학자들의 해결책들을 상세히 소개하고 분석하였다. 이를 통해 중국어 운율문법 연구의 역사와 현황을 정리하는 한편, 방법론적 반성도 함께 제기하였다.

중국어 운율문법 연구는 1963년 吕叔湘 선생님의 중국어 1, 2음절 결합 차이 문제에 대한 논의로 시작되었다. 그 후 수십 년 동안, 많은 학자들이 서양의 운율음운론 이론을 운용하여 중국어를 분석함으로써 더욱 풍부한 언어 사실을 발견하였으며, 중국어 운율문법 연구에도 중요한 사고의 실마리를 제공하였다. 그러나 영어 등 인도·유럽어 연구로부터 시작된 서양의 운율문법 연구는 대부분 단어와 구의 차이를 중시하고 품사별 문법 특징의 차이를 강조하며 운율과 문법의 상호작용에서 강세 규칙의 역할을 중시하였다. 그런데 이러한 분석 방법들은 중국어에 적용하게 되면 적합하지 않은 경우가 많이 나타났다. 중국어의 운율문법 문제는 주로 음절의 수와 문법 사이의 기묘한 연관성에서 나타난다. 그러나 이 연관성은 강세 규칙의 제약으로 인한 것이 아닐 수도 있고, 단어와 구의 구분만으로는 설명이 어려울 수도 있다. 영어와 달리 중국어는 명확하게 느낄 수 있는 '단어강세'가 부족하기 때문에 단어강세의 유무와 이의 위치 확정에 대해 학계에서는 견해의 일치를 이루기가 쉽지 않다. 중국어의 '단어'는 영어의 word와 다르며, 또 형태적인 표지가 적기 때문에 중국어는 '단어'와 '구'도 역시 명확한 경계가 없다.

중국어의 또 다른 독특한 점은 중국어의 '음절'이 다른 언어와 다르다는데 있다. 중국어는 1음절어로 형태소가 1음절성을 가지며, 하나의 음절에 하나의 의미를 담는 독립된 자형을 가지고 있어서 보통 단독으로 사용이 가능하다. 이 책에서는 중국어의 '形(형태)-音(음성)-义(의미)-用(용법)'이 하나로 결합한 이러한 단위를 '字(글자)'라고 부른다. 字는 영어의 음절(syllable)과 완전히 다르다. 영어의 음절은 보통 하나의 음성 단위에 불과하며, 단독으로는 의미를 가지지 않고 독립적으로 사용되지도 않기 때문이다. 이러한 '字'와 '음절'의 구별이 우리에게 주는 사고는 서양의 운율문법 연구가 준수하는 '경계면 이론'이라는 이론 가설이 중국어에도 적용 가능할까 하는 것이다. 전통 문법 이론은 음성과 의미, 문법을 세 개의 독립된 모듈로 보는데, 이러한 사고의 연장인 경계면 이론도 운율과 문법이 각각 두 개의 다른 평면에 속한다고 보았다. 운율과 문법 사이의 상호작용은 운율과 문법이 교차하는 부분에서만 존재하며, '운율단어'는 운율과 문법을 연결하는 중추이므로 통사단어는 곧 운율단어가 된다. 그러나 중국어의 기본 조직이자 운영 단위인 '字'는 形-音-义-用의 4자 결합체로 분리하기가 어렵기 때문에, 字도 의미를 가지며 독립적으로 운용이 가능한 언어 단위라는 것을 고려하지 않은 채 단순히 글자 수(즉, 음절 수)를 운율 자질로 귀결시키기는 어렵다.

중국어의 이러한 특징을 바탕으로, 이 책에서는 중국어 문법은 운율을 포함하는 '대문법(大语法)'이고, 문법과 운율이 교차하는 부분은 존재하지 않으며 운율문법 자체는 대문법의 한 하위 집합이라고 강조한다. 중국어의 음성과 의미, 문법은 '긴장·이완과 허·실'의 사상 대응 관계에 따라 연결되어 있으며, 중국어에 더욱 적합한 것은 '경계면 이론'이 아닌 '사상이론(Mapping theory, 映射理论)'이다. 그러므로 '사상이론'을 바탕으로 중국어 운율문법을 연구하는 것이 중국어 운율문법의 발전적 방향일 것이다.

물론, 이 작은 책에는 충분히 논의되지 못한 문제도 있다. 예를 들어, 일반적으로 영어는 강세 박자 언어(stress-timed language)라고 본다. 강세는 영어에서 중요한 위치를 차지하고 있으며, 영어 리듬의 기초가 된다. 이 책 제3장에서는 영중 리듬의 차이에 대해 간단히 논하고 있으나, 일부 학자들이 제기한 중국어 리듬에 대한 성조의 역할에 관해서는 논의를 하지 못하였다. 그 밖에, 중국어의 성조가 운율문법 연구에서 작용을 하는가 여부와 어떤 작용을 하는가에 대해서도 본서에서는 다루지 못했다. 이 부분에 대해서는 앞으로 보충할 수 있기를 바라는 바이다.

이 책의 완성에 대해 필자는 박사 지도교수님이신 沈家煊 선생님께 진심으로 감사를 드린다. 십여 년 전에 선생님 문하에서 박사를 할 때에 선생님께서 바로 필자를 중국어 운율문법이라는 연구 분야로 이끌어 주셨다. 필자의 박사논문은 현대중국어 단·쌍음절 결합문제에 대해 논한 것으로, 긴밀 도상성 원칙에 기반한 관련표지모델을 운용하여 중국어 운율, 의미, 구조 사이의 복잡한 관계를 분석하려는 시도였다. 그러나 당시 필자는 단지 운율, 의미, 구조 가운데 어느 한 가지 관점에서 관련 문제를 해석하는 것은 부족하다는 것을 발견하고, 일종의 보다 완전한 분석 모델을 사용하고자 시도하였을 뿐이었다. 필자는 이러한 관련 표지 모델과 중국어 '字'라는 특수한 언어 단위의 관계에 대해 깊이 생각해 본 적이 없으며, 중국어와 서양 언어의 차이가 중국어 문법 연구의 이론과 방법에 미치는 영향에 대해서는 더더욱 고려하지 못했다. 따라서 이 책의 많은 관점은 沈家煊 선생님의 창조적인 연구에서 비롯되었다. 선생님의 높고 넓은 학문적 시야, 예리하고 독창적인 학문적 안목은 중국어 운율 문법 연구를 새로운 경지로 이끌었다. 최근 선생님의 중국어 연구는, 줄곧 선현들의 기존 연구 결과의 계승을 바탕으로 중국어 사실에 입각하여 백 년 동안의 중국어 문법 연구에 대한 반성을 하는 데에 힘써 왔는데, 그 가운데 많은 생각은 이 책을 포함한 '언어학 쟁점 연구 총서'에 모두 나타나 있다.

필자는 또 이 기회를 빌려 선배이자 본서의 한글판 번역자인 이선희 교수에게도 진심어린 감사를 전한다. 이 작은 책이 한역본으로 출판되어 한국의 독자들과 만날 기회를 얻게 된 것은 그녀의 믿음과 노력 덕분이다.

아무쪼록 이 책의 한글 번역판을 통해 한국의 독자들이 중국어 운율 문법 연구의 역사와 현황에 대해 기본적인 이해를 할 수 있게 됨과 동시에 중국어의 독특성에 대해 더 많은 인식을 갖게 되기를 바란다. 또한 학계 동료 연구자들의 상호 교류와 계발로 중국어 언어학 및 일반 언어학의 학술적 진보가 촉진되기를 희망한다.

2020年6月

柯 航

  이 책은 중국 베이징사범대학교(北京师范大学) 한어문화학원 柯航 교수가
저술한 『韵律和语法』(学林出版社, 2018)를 번역한 것이다. 이 책은 저자가
줄곧 관심을 가지고 연구를 진행해 온 중국어 운율과 문법의 문제에 대
한 최신의 연구 성과로, 현재 중국의 여러 대학원에서 교재로 널리 사용
되는 언어학 쟁점 연구 총서 가운데 하나이다.

  근래에 중국어 연구의 폭과 깊이가 더욱 확대되고 있으며, 특히 운율
과 문법의 관계는 점점 더 주목을 받고 있다. 『韵律和语法』는 음운, 특히
운율과 문법의 관계에 대한 최신의 연구 성과를 쉽게 이해하기에 아주
적합한 책으로 보인다. 특히, 음운론 전체가 아닌 문법과 관련이 깊은
운율의 문제에 집중하여 범위가 넓지 않고 분량 또한 길지 않아 음운론
에 대해 잘 몰라도 누구나 쉽게 접근할 용기를 내어볼만 하다. 중국어
통사론을 공부한 역자는 중국어 음운론에 대해서는 거의 문외한이나 다
름없다. 하지만 중국어 문법과 음운의 관계는 역자의 생각보다 훨씬 더
밀접하다는 것을 알게 된 후, 이 분야에 대해 조금이라도 공부를 해보자
는 마음으로 이 책을 읽게 되었고, 너무도 흥미롭고 유익한 책의 내용에
이끌려 번역까지 하게 되었다. 이 역서는 원문에 충실하면서 최대한 평

이한 언어로 쉽게 번역하고자 하였다. 본문에 나오는 중국어 인명과 서명 등은 정확한 전달을 위해 중국어로 그대로 두었으며, 중국어로 읽는 것을 전제로 그에 맞는 한국어 조사를 사용하였음을 밝힌다. 괄호 안의 용어도 한국 한자어가 아닌 중국어 표현이다. 또한 저자주 외에 독자의 원문 이해를 돕기 위해 참고가 될 만한 것들과 역자의 의견 등은 역자주로 추가하였다. 그 외, 함께 읽으면 이 책을 이해하는데 도움이 될 만한 저자의 소논문 한 편도 부록으로 마지막에 첨부하였음을 밝힌다. 역자는 원서를 읽을 때보다 번역을 진행하면서 더욱 많은 공부가 되었으며, 최대한 원서의 내용에 누가 되지 않도록 인터넷과 참고 자료들 찾고 읽었다. 그럼에도 불구하고 역서에 있을 수 있는 문제는 모두 역자의 역량 부족으로 인한 것이다.

중국어의 각 영역 간 융합 연구에 대한 열기와 관심은 앞으로 더욱 확대될 것으로 예상할 수 있으며, 이는 중국어의 전반적인 연구 수준 제고에도 일조할 것이다. 이러한 시점에 아무쪼록 이 역서가 중국어를 전공하거나 중국어 음운론, 문법 등에 관심이 있는 학생 및 일반 언어학 연구자들이 좀 더 쉽게 이 분야의 최신 연구 성과를 접하고, 나아가 이를 통해 중국어에 대한 이해의 폭을 넓히는데 도움이 되었으면 하는 바람이다. 또 이 역서가 중국어와 한국어의 운율 및 문법 대조 연구와 중국어 교육 등의 연구에도 미력이나마 기여할 수 있기를 바란다.

끝으로, 코로나19로 올해 특히나 어려운 출판업계의 여건에도 불구하고 순수 학문의 중요성을 통감하여 이 역서가 세상의 빛을 보게 해 주신 역락 출판사의 이대현 사장님과 이태곤 편집이사님, 편집과 디자인을 담당해 주신 선생님들께 마음 속 깊이 감사를 드리는 바이다.

2020년 6월
역자 이선희

제 1 장

운율과 통사의 상호작용 연구

운율과 통사의 상호작용 연구

음성, 어휘, 문법은 언어의 3요소이다. 이들은 각각 독립적이면서도 서로 관련이 있는데, 이는 오늘날의 관점에서 보면 말하지 않아도 알 수 있는 것이다. 이들 사이의 관련성에 대해서는 앞 장에서 이미 많은 예를 들어 설명하였다. 그러나 이 사실을 인정하고 언어 연구에서 이들 세 요소 사이의 관계에 주목하기까지는 사실 상당히 긴 과정을 겪었다. 이 장에서는 운율과 통사의 상호작용에 관한 연구의 발전사와 몇몇 기본적인 관점 및 이에 상응하는 이론과 용어들을 간략하게 다루고자 한다.

전통적인 언어학은 언어 현상을 분석할 때 주로 음성, 어휘, 문법의 3자를 분리하여 진행한다. 음성을 분석할 때 어휘와 문법은 고려할 필요가 없고, 문법을 분석할 때는 음성과 어휘를 고려할 필요가 없다. 그런데 구조주의 언어학[1]은 언어를 낮은 단계에서 높은 단계까지 음성, 형태, 통사의 몇 개 평면으로 구분하고, 언어를 분석할 때는 음성 분석과 문법 분석의 두 부분으로 나누었다. 그들은 층위 분할(separation of levels) 원칙을 주장하면서 언어를 분석할 때 엄격한 발견 절차(discovery procedure)[2]

---

1) 역자주: 귀납적이고 객관적인 발견의 절차에 따라서 언어 현상의 배후에서 구조를 발견하여, 그것을 체계적으로 기술하려고 하는 언어학. 1920년대 중간에 사피어(Sapir, E.)와 블룸필드(Bloomfield, L.)에 의하여 창시된 미국의 언어학의 한 학파의 총칭. 출처: 『컴퓨터 정보용어대사전』, 한국사전연구사 1997.

를 수행하였다. 음소(音素)의 기록이 첫 번째 단계이고, 음위(音位)의 귀납이 다음 단계이다. 해당 언어의 전체 음위를 귀납한 후에야 비로소 문법부분의 형태 분석과 통사 분석을 순차적으로 수행할 수 있으며, 이러한분석은 각 층위를 넘어서 진행할 수 없다. 구조주의의 대표 주자인 Hockett (1942:20, 번역문은 袁毓林(2003)에서 재인용)는 다음과 같이 명확하게 지적하였다.

> 결코 순환논증 현상이 있어서는 안 된다. 우리는 문법 분석을 위해서 음위 분석을 하는 것이기 때문에, 음위를 분석할 때는 문법 부분의 어떠한 가정도 포함되어서는 안 된다. 양자의 경계는 분명히 구분해야 한다.
>
> (一定不能有循环论证的现象。我们是为了语法分析才进行音位分析的，因而在分析音位的时候不能有语法部分的任何假设。两者的界限必须划分清楚。)

언어 분석의 진행 절차는 먼저 음위를 분석한 후 문법을 분석해야 하며, 역순으로 진행할 수는 없다. 그리하여 구조주의는 음성, 어휘, 문법 3자 간의 상호 관계에 대해서는 더욱 관심을 가지지 않게 되었다.

그러나 언어 현상에 대한 묘사가 심화되면서, 사람들은 종종 하나의측면에서만 언어 현상을 묘사하고 분석하기에는 어려움이 많고 문제를정확하게 설명하기도 어렵다는 것을 발견하게 되었다. 예를 들면, 구조주의는 문장의 강세, 어조와 같은 초분절 음위(超音段音位)의 분석 원칙이분절 음위의 분석 원칙과 같다고 보았기 때문에, 전체 분석 과정에서도

---

2) 역자주: 귀납적인 발견의 절차에 입각하여, 먼저 음성에서 음소를 추출하고, 이에 입각해서 형태소, 다음에 구 구조 그리고 최종적으로 문법을 추출한다는 bottom-up의 분석방법을 취한다. 그런데, 이와 같은 엄격한 접근은, 언어운용의 배후에 있는 언어능력이나 문법의 생득적인 언어지식이라는 측면을 부당하게 무시하여, 방법론적으로 한계를 초래하였다. 이 한계에서, 구조주의 언어학의 모범은, 촘스키로 대표되는 생성문법이론에 자리를 내어주게 되었다. 출처: 『컴퓨터 정보용어대사전』, 한국사전연구사 1997.

음성 조건만 고려할 수 있을 뿐, 어떠한 통사 의미 정보의 도움도 빌릴 필요가 없고, 또 빌려서도 안 되었다.

그러나 통사 의미에 관한 정보를 떠나서는 어조와 강세에 대한 판단과 분석이 불가능하며, 이러한 분석은 또 성공할 수도 없다. 바로 이러한 이유로 구조주의 방법을 운용한 영어 문장의 강세 분석은 많은 언어학자들로부터 비난을 받은 바 있다. 王洪君[3](1999: 11)은 영어 문장의 억양(intonation)에 대해 구조주의의 대가인 Hockett 『現代语言学教程(A Course in Modern Linguistics)』(중국어 번역본, 1987)의 분석을 예로 들어 설명하였다.

1956년, Chomsky와 Halle, Lukoff는 「On accent and juncture in English」라는 논문에서 영어 문장의 강세 처리에 관한 완전히 새로운 방안을 제시하였다. 이 방안에서 그들은 통사 구조의 규칙에 의존하여 순환 응용의 방식을 사용함으로써 문장 강세에 대한 간결한 분석을 하였다. 이러한 분석 방법은 층위를 넘어선 분석을 할 수 없던 구조주의의 한계를 극복하면서 성공을 거두었다. 이 글은 생성음운론(generative phonology)[4]의 첫 번째 영향력 있는 논문이자 생성이론 전체에 영향을 미친 첫 논문이기도 하다.(王洪君 1999: 10)

생성문법은 인간의 언어 지식이 통사 지식뿐만 아니라 음성, 의미에 관한 지식도 포함하고 있다고 보았으며, 그러므로 완전한 생성문법은 음운 규칙과 의미 규칙을 모두 포함해야 한다고 주장하였다. 음운론과 통사론이 끊임없이 발전하면서 1980년대에 음운과 통사의 교차 연구가 시

---

3) 역자주: 중국의 언어학자. 음운학, 역사언어학, 중국어 방언 비교 등 방면의 연구를 주로 진행하였으며, 주요 저서로는 『生成音系学』, 『历史语言学』 등이 있다.
4) 역자주: 변형 생성 문법 이론을 토대로 한 음운론.

작되었으며, 이는 특별히 음운론의 새로운 영역이 되었다. 1988년에 미국의 스탠포드대학에서는 음운과 통사의 상호작용 문제를 전적으로 논의하기 위한 전국적인 학술토론회가 열렸다. 그 후 음운과 통사의 상관관계에 관한 연구는 더욱 언어 연구자들의 중시를 받게 되었고, 관련된 연구 성과 또한 많이 나오고 있다. 이러한 연구 성과는 통사와 운율의 상호 관계라는 관점에서 두 가지로 요약할 수 있다. 하나는 운율에 대한 통사의 제약을 연구하는 것이고, 다른 하나는 통사에 대한 운율의 제약을 연구하는 것이다.

제1절 운율에 대한 통사의 제약

기존의 연구에서 운율에 대한 통사의 제약에 관한 연구는 상대적으로 충분하다. 예를 들면, 강세는 운율 자질에 속하는데, 생성음운론에서 구의 강세를 설명하기 위해 사용한 운율 수형도(韵律树, metrical tree)가 바로 통사 구조를 바탕으로 구축된 것이다.(Liberman & Prince 1977) 아울러 『Phonology and Syntax: The Relation between Sound and Structure』는 생성문법의 관점에서 통사와 음운의 사상 관계(映射关系)에 대해 체계적으로 연구한 고전 저작인데, 저자인 Selkirk은 책의 첫머리에서 통사가 음운을 어떻게 제약하는가를 명확하게 규명하는 것이 이 책의 목표[5]라고 분명히 밝히고 있다. 또 예를 들면, 연독변조(连读变调)[6] 연구에서 변조 규칙의 작용 범위가 주

---

5) 저자주: Selkirk(1984: 1)의 원문은 다음과 같다. The purpose of this book is to contribute to our understanding of the ways in which the phonology of a sentence may be determined by its syntax, to attempt to characterize the relation between sound and structure in language.

로 단어 이상의 단위이기 때문에 학자들은 모두 성분들 간의 통사 의미
가 성조 변화 구역(變调域)의 확정에 중요한 작용을 한다는 점에 주의를
기울였다.(Cheng 1973, Shih 1986, Hung 1987, Chen 2000).

　중국어 표준어인 보통화(普通话)의 연독변조 연구를 예로 들어 음운에
대한 통사의 제약에 관한 연구를 살펴보자. 중국어 방언의 복잡한 변조
현상과 비교하여, '3성과 3성이 서로 이어지면 앞의 3성은 2성으로 변한
다'는 보통화 제3성의 연독변조 규칙은 아주 단순한 것 같지만, 실제 언
어에서 변조는 사실 그렇게 단순하지가 않다. '老李买好酒(라오리가 술을 샀
다/라오리가 좋은 술을 산다)'를 예로 들어보면, 이는 적어도 다섯 가지의 완
전히 다른 변조형식을 가지고 있다. 이를 통해 '두 개의 3성이 서로 이
어지면 앞의 3성은 2성으로 변한다'는 규칙만으로는 변조를 정확히 예
측할 수 없음을 알 수 있다. 이 때문에 학자들은 잇달아 통사 요소를 가
지고 변조 규칙을 분석하고자 하였다. 郑锦全(Cheng 1973: 48)은 제3성의
변조가 통사 수형도(句法树) 및 발화 속도와 모두 관련이 있다고 주장하였
다. 말의 속도가 느릴 때 변조 규칙은 최소의 분지(分支)에서만 적용되지
만, 말의 속도가 빨라지면 변조는 더 큰 분지에서 적용되므로 분지 간
제3성 연독의 경우 변조가 발생할 수도 있고, 그렇지 않을 수도 있다. 그
외에, 제3성의 연속 읽기가 처음과 끝에 오는 경우는 변조 규칙을 반드
시 중복 사용해야 한다. '老李买好酒'를 예로 들어보자.

---

6) 역자주: 두 개 이상의 음절을 연속으로 읽을 때 발생하는 성조 변화.

(5) '老李买好酒'의 변조 양상

구분	老李	买 好 酒
글자의 성조	3 3	3 3 3
변조1	[2 3]	[3 [2 3]] (느린 속도, 최소 분지에서 응용, 분지 간 3성 연독 시 성조 불변)
변조2	[2 2]	[3 [2 3]] (느린 속도, 최소 분지에서 응용, 분지 간 3성 연독 시 성조 변함)
변조3	[2 3]	[2 2 3] (중간 속도, 더 큰 분지에서 중복 응용)
변조4	[2 2	2 2 3] (빠른 속도, 최대 구조에서 응용)
변조5	[2 1	1 1 3][7]

위의 분석에서 알 수 있듯이, 변조 규칙의 응용 관할구역 차이는 말의 속도뿐만 아니라 문법구조와도 밀접한 관련이 있다. 특히 중간 속도인 경우에는 통사 구조의 제약을 받는 것이 매우 뚜렷하게 나타난다.

물론 이 규칙도 문제가 없는 것은 아니다. 예를 들어 '展览馆里(전람관 내)'의 변조 결과를 예측할 때에는 잘못된 결과가 나타날 수도 있다.

(6) '展览馆里'의 변조 양상

구분	展览 馆 里
글자의 성조	3 3 3 3
변조1	[[[2 3] 3] 3] (느린 속도, 최소 분지에서 응용)
변조2	*[[[2 3] 2] 3] (분지 간 중복 사용 규칙)

---

7) 저자주: Cheng(1973: 44)이 제시한 규칙은 다음과 같다. 말의 속도가 빠를 때, 2성 글자 앞에 경성이 아니라 1성이나 2성이 오면 그 2성은 1성으로 변한다. 변조5는 바로 이 규칙을 나타낸 것이다.

이처럼 학자들이 여러 각도에서 새로운 해석 규칙을 제시하는 이유는 바로 변조 문제가 복잡하기 때문이다. 그러나 어떤 규칙이든 공통점은 모두 다 통사가 변조에 영향을 미친다는 것을 인정한다는 것이다.

제2절 통사에 대한 운율의 제약

상대적으로 통사에 대한 운율의 영향과 제약에 관한 연구는 충분하지가 않다. 운율음운론의 대표주자인 Selkirk는 심지어 통사가 음성의 구속을 받지 않는다(phonetic free)고 보았다. 그러나 Zec & Inkelas(1990: 365-378)의 연구는 일부 통사 현상에 대해 단순히 통사 용어만을 사용하여 묘사하고 해석하면 상당히 번거로우며 심지어 정확한 결과도 얻지 못하지만, 운율의 각도에서 해석하면 간단명료해질 수 있음을 밝혔다.

영어의 '중량 명사구 이동(heavy NP shift)'[8]의 연구를 예로 들어보자. 영어에서 일부 무거운 '중량'의 명사구는 이중목적어 구조에서 위치 이동을 할 수 있지만, 모든 NP가 다 자유롭게 이동할 수 있는 것은 아니다. 예를 들어보자. (아래 두 예문은 周韌 2006에서 인용)

(7) He threw the letter which he had not decoded into the wastebasket.
   (그는 해독하지 못한 편지를 휴지통에 버렸다.)
   → He threw into the wastebasket the letter which he had not decoded.
(8) He threw the letter into the wastebasket. (그는 편지를 휴지통에 버렸다.)
   → *He threw into the wastebasket the letter.

---

8) 역자주: 명사구가 관계사절 또는 전치사구 등의 수식을 받아서 길어지는 경우, 그 명사구 전체를 뒤로 옮기는 것.

위 두 예의 대비는 목적어의 위치 이동 가능성 유무를 결정하는 데 있어 그것이 '중량'의 요건을 충족하는지 여부가 매우 중요한 역할을 한다는 것을 설명한다. 그런데 연구자가 단순히 통사적인 각도에서만 '중량'에 대한 경계를 확정짓는 것은 이러한 위치 이동 현상 전체를 포괄할 수 없다. Zec & Inkelas(1990: 377)는 이른바 '중량 명사구'는 간단한 통사 단위가 아닌 두 개 또는 그 이상의 음운구(音系短语, phonological phrase), 즉 억양구(语调短语, intonational phrase)를 포함해야 한다고 하였다. 이는 운율이 통사에도 영향을 미친다는 것을 보여준다.

최적성 이론(Optimality Theory)9)의 틀 안에서 연구자들은 운율과 통사의 관계에 대해 더 많은 분석을 시도하였는데, 통사적 제약이 우선(outrank)한다는 관점은 여전히 우위를 점하고 있다(Tranel 1998, Golston 1995). 예를 들면, Golston(1995)은 통사적으로 적법한 두 개의 구조를 선택할 때 비로소 운율이 작용한다고 주장하였다. 이는 바꾸어 말하면, 여전히 통사가 첫 번째라는 것이다. 그러나 Harford & Demuth(1999)는 반투(Bantu)어10)에 최적성 이론의 반례가 존재한다고 제기하였다.

冯胜利11)(2000)에서 집중 논의한 일련의 현상들도 모두 통사에 대한 운율의 제약을 반영한다고 보았다. 예를 들면, 그는 중국어에서 '동사 뒤에 약하게 읽어서는 안 되는 성분은 하나만 허용 된다'는 운율 규칙이 있으

---

9) 역자주: 생성음운론에 대한 문제점을 제기하며 나오게 된 것으로, 도출 과정에 중점을 두지 않고 출력형에 속하는 여러 후보들 가운데 어떤 것이 표면형으로 가장 적격한 것인지를 판단하는 문제에 중점을 둔 이론. 표면형의 적격성을 판단하는 기준으로서 '제약'을 설정하는 데에 관심을 기울이며, 이 제약은 위계가 존재한다. [네이버 국어사전]
10) 역자주: 대부분의 아프리카 지역에서 사용되는 언어의 일종.
11) 역자주: 홍콩 중문대학 중문과 교수. 중국어 운율통사론 방면의 연구를 주로 진행하며, 대표 저서로 『汉语韵律句法学』, 『汉语的韵律, 词法与句法』 등이 있다.

며, 이 규칙을 충족시키지 못하는 것은 모두 합법적인 문장이 아니므로 통사적 변형을 통해 운율의 조건을 충족시켜야 한다고 보았다. 다음 예를 보자.

(9) a. *他放那本书在桌子上了。
→ b. 那本书被他放在桌子上了。(그 책은 그에 의해 탁자 위에 놓여졌다.)
→ c. 他把那本书放在桌子上了。(그는 그 책을 탁자 위에 놓았다.)

예문(9)a에는 동사 '放(놓다)' 뒤에 약하게 읽어서는 안 되는 성분이 '那本书(그 책)'와 '在桌子上(탁자 위에)'으로 두 개가 출현하기 때문에, 그 중 하나의 성분은 동사 앞자리로 옮겨서 '동사 뒤에 약하게 읽어서는 안 되는 성분은 하나만 허용 된다'는 운율 규칙을 충족시켜야 한다.

그 밖에, '把'자문이 뒤에 원형동사를 가질 수 없는 것과 길이가 긴 '被'자문은 1음절 원형동사를 가질 수 없는 현상, 그리고 이 책의 뒷부분 몇 장에서 중점적으로 다룰 1·2음절의 결합 문제와 복합어의 '위치 이동' 문제들도 冯胜利(2000)는 모두 다 통사에 대한 운율 규칙의 제약으로 보았다. 冯胜利(2000)는 중국어 운율의 통사 제약에 대한 학자들의 연구에 새로운 지평을 열었다고 할 수 있다.

물론 冯胜利(2000)가 논한 이러한 문제들이 모두 운율의 통사제약 문제에 속하는지에 대해서 훗날 학자들의 견해는 일치하지 않는다. 예를 들면, 袁毓林[12](2003)은 冯胜利(2000)에서 중국어의 '把'자문, '被'자문, 주제문 등과 같은 문장에서의 목적어 이동 문제, 동사 뒤의 전치사-목적어

---

12) 역자주: 베이징대학교(北京大学) 중문과 교수. 중국어 언어학과 이론언어학, 특히 통사론, 의미론, 화용론 방면의 연구를 주로 진행.

구조에서 전치사가 동사에 붙는 문제, 전치사-목적어 구조가 동사 뒤에서 동사 앞으로 이동하는 문제, SOV 구조에서 SVO 구조로의 변환 문제, 그리고 '被'자문과 '把'자문의 탄생과 발전 등의 역사 통사론 문제 등을 모두 운율적 조건을 통해 설명하는 것에 상당한 의문을 제기했다. 통사에 대한 운율의 영향력이 그렇게 큰 것일까? 周韌[13](2012a) 역시 '운율의 작용이 도대체 얼마나 클까'라는 의문을 제기했다. 그의 분석에 따르면, 시량(时量)성분과 동량(动量)성분의 어순 문제, 동사 뒤 처소 표시 전치사의 어순 문제는 모두 통사 의미 연구의 범주에 속한다. 따라서 문법에서 운율의 작용을 간과해서는 안 되지만, 또 그 작용을 지나치게 과장해서도 안 된다. 이와 관련하여 冯胜利(2011b, 2015, 2016a) 역시 연구를 진행한 바 있다.

제3절 직접 통사 가설과 간접 통사 가설

통사와 음운의 상호작용 관계, 특히 운율에 대한 통사의 제약에 관한 연구는 최근 몇 십 년 동안 많은 발전을 이루었지만, 연구 과정에서 하나의 문제에 부딪혔다. 그것은 음운과 통사가 각기 다른 범주에 속하며, 각각 나름의 구조와 작용 영역, 작용 규칙, 작용 방식을 가지고 있다는 것이다. 그렇다면 음운 규칙에 대한 분석에서 통사 정보는 어떻게 작용하는가? 이 문제에 대한 대답에는 서로 상충되는 두 개의 이론적 가설이 존재한다. 하나는 직접 통사 가설(Direct Syntax Hypothesis)이고, 다른 하나는

---

13) 역자주: 베이징대학교(北京大学) 중문과 교수. 현대중국어 문법 방면의 연구를 주로 진행.

간접 통사 가설(Indirect Syntax Hypothesis)이다.

직접 통사 가설은 통사 구조가 음운에 직접적으로 영향을 미친다고 가정하는 것으로, 음운 규칙의 작용 영역이 그 언어의 통사 구조에 의해 직접 확정되기 때문에 통사 단위에서 운율 단위로의 변환이 불필요하다. (Kaisse 198)5; Odden 1978, 1990) 이러한 분석에서 문장 내 음운 규칙의 작용 범위는 통사 관계에 따라 직접 결정되거나 성분통어(C-commond)와 같은 통사 규칙이 음운 규칙의 작용 영역을 확정하는 데 직접 사용될 수 있다.

张洪明(Zhang 1992)은 丹阳, 芮城, 平遥, 上海 네 지역의 연독변조를 묘사할 때 바로 이러한 생각을 바탕으로 성분통어를 사용하여 변조역(变调域)을 정의하였다. 이에 대해서는 端木三[14](Duanmu 1995), 陈渊泉[15](Chen 2000), 袁毓林(2003) 등의 관련 논평이 있다.

Kaisse(1985)도 성분통어의 개념을 적용해 보통화 제3성의 성조 변화 현상에 대해 고찰한 바 있다. 그러나 包智明[16] 등(1997: 221)은 직접 통사 가설이 베이징(北京) 말의 문장 내 제3성 성조 변화를 분석하기에는 적합하지 않다고 보았다. 왜냐하면 통사 구조와 문장에서의 제3성 성조 변화 사이에는 고정적인 대응 관계가 없기 때문에 이에 근거하여 성조 변화 구역을 제한할 수 없으며, 성분통어 분석법이 제3성 성조 변화의 글자들 간의 통사관계는 설명할 수 있지만, 문장 안에서 발생하는 제3성 성조 변화의 순환 과정은 분석할 수 없으므로 제3성의 변조 결과를 예측하는

---

14) 역자주: 미국 미시건대학교(The University of Michigan) 언어학과 교수. 언어의 보편성, 특히 음운과 형태 방면의 보편성 연구를 주로 진행.
15) 역자주: 미국 캘리포니아대학교 샌디에이고캠퍼스(University of California - San Diego) 언어학과 교수. 일반언어학, 중국어방언 방면의 연구를 주로 진행.
16) 역자주: 싱가포르국립대학교(National University of Singapore) 언어학과 교수. 음운론 방면의 연구를 주로 진행.

것이 불가능하기 때문이다.

Kaisse(1985)는 이탈리아어의 라도피아멘토 신타티코(raddoppiamento sintattico) 현상(이탈리아 중부와 남부에서 발생하는 한 음운연독 규칙)을 직접 통사 가설로 분석한 바 있다. 周韧(2006)은 이 현상에 대한 Kaisse의 분석이 성공적이 지 않다고 평가를 하고, 이를 근거로 직접 작용하는 가설은 음운 규칙에 대한 통사의 제약을 설명하기가 어렵다고 주장하였다. 그러나 包智明 등 (1997: 221)은 직접 통사 가설과 간접 통사 가설이 통사와 음운의 상호작 용에서 모두 나름대로의 합리성과 이론 및 실천의 토대를 가지고 있지 만, 단지 언어에 따라 적합하지 않는 경우가 있을 뿐이라고 보았다. 이 에 관해서는 편폭의 한계로 여기에서 상세히 서술하지 않기로 한다.

간접 통사 가설은 음운 구조와 통사 구조는 서로 다른 것으로 본다. 문장 안에서 음운 규칙을 사용할 때는 통사 구조의 제약을 받지만, 음운 규칙의 사용 범위는 오직 운율 구조에 따라서만 결정된다는 것이다. 통 사가 음운에 미치는 영향은 간접적이어서, 통사 단위가 규칙에 따라 운 율 단위로 바뀐 후에는 통사적 요소가 모두 사라지며 남아 있는 과정은 운율 단위만으로 완성될 수 있다.

다시 중국어 연독변조 분석을 예로 들어보자. 윗글에서 이미 언급했 듯이, 연독변조의 작용 영역은 통사와 관련이 있다. Kaisse(1985), 张洪明 (Zhang 1992)은 모두 직접 통사 가설을 사용하여 성조 변화 구역을 확정하 였다. 반면, 石基琳[17](Shih 1986), 陈渊泉(Chen 2000)은 모두 간접 통사 가설 을 활용한 이론들이다.

---

17) 역자주: 미국 일리노이대학교 어버너-샘페인캠퍼스(University of Illinois at Urbana-Champaign) 동아시아어문학과 교수. 주로 음성학, 언어교육, 운율론 방면의 연구를 진행.

石基琳(Shih 1986)에 따르면, 연독변조 규칙은 운율 구조를 응용 범위로 하여 순환하면서 사용된다. 운율 구조는 음절, 음보, 초음보(super-foot), 구의 4가지 층위로 나뉘며, 그것은 음보 조합 규칙(Foot Formation Rule)을 통해 통사 구조로부터 파생되어 나왔다. 이 규칙은 구체적으로 다음과 같이 서술할 수 있다.

  a. 최하층의 분지(分支)에서 2음절의 최소 리듬(节奏) 단위를 만든다.
  b. 왼쪽에서 오른쪽으로 2음절의 최소 리듬 단위를 만든다.
  c. 자유 음절은 가까운 리듬 단위로 들어간다.
  d. 성조 변화는 최소 리듬 단위 내에서 순환하여 적용된다. 단위를 넘어서는 구조에서는 성조 변화 규칙을 강제로 적용하지 않는다.
  e. 말의 속도가 빠른 경우에 성조 변화는 한 단계 더 큰 마디(node)에서 한 번에 완성될 수 있다.
  f. 접어(clitic, 附着词)[18]는 앞에 붙는다.

이 규칙에서 가장 중요한 것은 '최소 리듬 단위(最小节奏单位)'를 확정하는 것인데, 이는 규칙 d에 따라 변조가 최소 리듬 단위 안에서 순환하며 적용되기 때문이다. 규칙 a는 최소 리듬 단위를 만들기 위해서는 통사 정보에 의존해야 한다고 설명하고 있는데, 일단 이것이 만들어진 이후에는 변조가 이 단위 안에서 순환, 적용되기 때문에 더 이상 통사 구조와 직접적인 관계를 맺지 않는다.

陈渊泉(Chen 2000)은 변조 문제를 논의할 때 '최소 운율 단위(minimal rhythmic unit, 약칭 MRU)'라는 개념을 제시하였다. 또 그는 '최소 운율 단위'(변조역)를 정확하게 예측하기 위해서 보통화의 제3성 연독변조를 제약하는 위

18) 역자주: 강세를 받지 않고, 다른 단어에 붙어서만 나타나는 단어.

계 순서를 우선론의 형태로 제시했는데, 구체적인 내용은 다음과 같다.

{억양구 경계 초월 금지} > {최소 2개 음절} > {최대 2개 음절} > {일치성} > {좌에서 우로}

'초월 금지'는 직접 성분이 반드시 하나의 MRU 안에 있어야 하고, 또 MRU는 하나의 억양구(语调短语) 안에 있어야 한다는 것을 가리킨다. '일치성'은 MRU가 통사 성분이면 가장 좋다는 것이고, '좌에서 우로'는 MRU의 구성 순서를 가리킨다. '최소 2개 음절'과 '최대 2개 음절'은 MRU의 음절 수에 대한 제한이다. 우선론의 틀 안에서 이러한 다섯 가지 제약 요소를 종합적으로 고려하면 정확한 연독변조 영역을 확정지을 수 있다.

周韌(2006)은 위 다섯 가지 제약 요소 가운데 두 개는 통사에서 온 것이라고 하였다. 하지만 통사 요소는 단지 MRU를 확정지을 때만 역할을 할 뿐이며, 일단 MRU가 확정되면 통사 요소는 더 이상 역할을 하지 않고 음운 규칙(제3성의 성조 변화 등)이 MRU의 범위 내에서 강제로 이루어진다. 이는 간접 통사 가설의 특징을 잘 보여 준다. 물론, 陈渊泉(Chen 2000)의 성조 변화 분석도 문제가 없지는 않은데, 이에 대해서는 周韌(2006)도 지적한 바가 있다.

제4절 운율 단위와 운율위계

간접 이론 가설에 기초한 운율음운론(韻律音系學)은 운율 구조의 단위 및 이들 단위 간의 관계를 전문적으로 연구하는 학문 분야이다. 그것은 음운과 문법 정보를 이용하여 서로 다른 위계의 운율 단위를 만드는데, 운율 단위가 반드시 문법 단위와 같은 형태를 띠지는 않는다. 음운 규칙 은 문법 단위에 직접 적용되지 않고, 서로 다른 운율 단위에 적용된다. 그러므로 운율위계(Prosodic Hierarchy)의 설정은 운율과 통사 사이의 상호작 용을 연구하기 위해서이다. 이 이론의 대표적인 학자는 Selkierk(1980, 1984), Hayes(1989), Nespor & Vogel(2007) 등이 있다.

운율음운론에 따르면, 자연적인 발화는 몇 개의 제한적인 위계구조의 운율 단위로 나눌 수 있는데, 이 단위들을 작은 것부터 큰 것의 순으로 배열하면 다음과 같다.

모라(韻素, mora) → 음절(音节, syllable) → 음보(音步, foot) → 운율단어(韻 律词, prosodic word) → 접어군(粘附组, clitic group) → 음운구(音系短语, phonological phrase) → 억양구(语调短语, intonational phrase) → 운율발화(韻律 话语, prosodic untterance)[19]

이들 운율 단위는 아래에서 위쪽으로 운율위계를 형성하는데, 운율위 계를 설정할 때는 엄격한 층위 가설(Strict Layer Hypothesis) 규칙을 준수해야 한다. 엄격한 층위 가설은 Hayes(1984)가 최초로 제기하였다. 이는 간단하

---

19) 저자주: 이들 운율 단위의 구체적인 정의에 관해서는 많은 책과 논문(Selkirk 1984; Nespor & Vogel 2007; Hayes 1989; 李凤杰 2012; 张洪明 2014 등 참조)에 모두 자세히 설명되어 있으므로, 여기서는 더 이상 자세히 설명하지 않기로 한다.

게 이해하면, 운율위계 안에서 각 운율 단위는 층위로 나뉘며, 한 단계 높은 운율 단위는 그 아래 단계의 단위를 직접 제약하고, 그것의 직접 하위 성분으로 분석되어야 한다는 것이다. 이 규칙은 음운 규칙이 운용 하는 운율위계 단위에 대해 상응하는 규정을 만드는 것이기 때문에 운율음운론의 주요 원칙이 된다.(张洪明 2014)

张洪明(2014, Zhang 1992)은 성질의 차이에 따라 운율위계 구조를 크게 3가지로 나누었다. 음보 및 그 이하의 운율 단위가 한 종류인데, 이들의 확정은 음운 매개변수하고만 관련이 있다. 운율단어, 접어군, 음운구가 또 다른 한 종류인데, 이들의 정의는 주로 조어, 형태, 통사 정보에 의존한다. 나머지 한 종류는 억양구와 운율구이데, 이들의 구성은 의미, 정보 구조, 화용의 영향을 받는다.

운율위계가 모든 언어에 적용되는지 여부에 관해서는 전혀 다른 두 가지 견해가 존재한다. 한 가지 관점은 인간의 모든 언어가 하나의 동일한 운율위계를 가지고 있다고 보는 것으로, 이것을 '보편성의 관점'이라고 부를 수 있다. 물론, 언어의 보편성에 속하는 운율위계에 어떤 운율 단위가 있는지에 대해서 학계에는 아직도 이견이 존재한다. 예를 들면, 접어군을 한 단계의 운율 단위로 보는 것에는 반대하는 학자들도 많다. 그러나 현재까지의 연구는 일반적으로 '음절-음보-운율단어-음운구'를 보편적으로 적용 가능한 운율위계로 보고 있다.

또 다른 관점은 '보편성의 관점'을 인정하지 않는 것인데, 이는 다시 두 갈래로 나뉜다. 한 갈래의 관점은 인간의 언어는 모두 제한된 몇 개의 운율 단위를 공유하는데, 각 언어들은 그 가운데 몇 개만을 임의로 선택한다고 보는 것이다. 다른 한 갈래는 어느 한 언어의 운율 단위는 그 언어의 음운 규칙과 제약 조건에 의해 결정되며, 운율 단위의 종류와 수량은 상한선이 없다고 보는 것이다.(秦祖宣 · 马秋武 2016)

운율위계의 보편적 관점이 운율음운론 학계의 주류 관점이기는 하나, 베트남어, Limbo어(네팔의 동부 Kiranti어로 한장어계(汉藏语系)에 속함), Chichewa 어(아프리카 말라위(Malawi) 반투어(Bantu language)의 일종)에 대한 연구 등은 이 관점에 대해 점점 더 많은 의문을 제기하기 시작하였다.(Shiering, et al. 2010; Evans, Fletcher & Ross 2008; Downing 2016) 예를 들면, Shiering(2010)은 분석을 통해 베트남어에서는 '운율단어'와 '음보'라는 두 층위마저도 모두 불필요하다고 주장하였다. 중국어의 운율위계 문제는 제3장 3절에서 구체적으로 소개하고자 한다.

제5절 소결

본 절에서는 무에서 유로 이어지는 운율과 통사의 상호작용에 관한 연구의 역사를 간단히 회고하고, 아울러 이러한 연구에서 다루고 있는 기본적인 관점과 이론 가설 및 관련 용어에 대하여 간략하게 소개하였다.

전체적으로 보아 이러한 상호작용 연구에서는 운율에 대한 통사의 제약에 관한 연구가 더욱 주목을 받았으며, 이와 관련된 언어 분석과 이론 수립의 성과 또한 더욱 풍부하다. 반면에 통사에 대한 운율의 제약에 관한 연구는 상대적으로 부족하고, 또 일부 언어적 사실에 대한 분석의 타당성에 대해서는 아직까지도 논란이 있는 실정이다.

그러나 운율에 대한 통사의 제약에 관한 연구와 통사에 대한 운율의 제약에 관한 연구의 배후에는 하나의 공통된 이론적 전제가 깔려 있다. 그것은 운율과 통사는 분립하며 이들의 상호작용은 단지 양자의 경계면에서만 이루어진다는 것으로, 이는 언어학계에서 장기간 수용되어 온 주류 관점이기도 하다. 연구자들에게 널리 받아들여지고 있는 '간접 통사 가설'은 통사 단위가 운율에 직접적으로 작용할 수 없고 전환을 거쳐야 한다는 것을 강조한다. 음운 규칙은 운율 단위에 적용되고, 통사 규칙은 통사 단위에 운용된다는 것인데, 사실은 이 또한 통사와 운율이 분립한다는 관점을 보여준다.

그러나 이 전제는 의심의 여지가 없을까, 운율과 통사는 정말 분립하는가 자체도 여전히 논쟁이 존재한다.(이 책 마지막 장 참조)

제
2
장

중국어
운율문법
연구

중국어 운율문법 연구

운율과 문법의 상호작용에 대한 연구는 두 가지 방면을 포함하는데, 하나는 운율에 대한 문법의 제약이고, 다른 하나는 문법에 대한 운율의 제약이다. 이 장부터는 중국어 사실에 집중하여 중국어 운율과 문법의 상호작용에 대한 연구의 방법과 성과를 소개하고자 한다. 이러한 연구에 대해 학자들은 이를 운율문법 연구(韻律語法研究)라고 부르기도 하고, 운율 통사 연구(韻律句法研究)라고 부르기도 한다. 이들 두 표현의 차이는 크지 않아 보이지만, 사실은 언어에 대한 이해의 차이를 반영하였다고 볼 수 있다. 왜냐하면 '문법'과 '통사'는 서로 통하지만 결코 동일한 개념은 아니기 때문이다.

생성언어학에서 문법은 통사, 음운, 의미의 세 부분으로 이루어지는데, 그 중에 통사가 중심이 된다. 마찬가지로 전통 언어학과 구조주의 언어학도 통상적으로 문법과 음성, 의미 모듈은 분립한다고 본다. 따라서 '통사'라는 개념을 사용하는 학자는 '통사', '음성(운율)', '의미'가 각각 3개의 모듈에 속해 있다고 본다. '문법'은 광의와 협의의 구분이 있어서 통사만을 가리키기도 하고 음성과 의미, 통사를 모두 포함하기도 한다. 따라서 여기서 '문법'은 아마도 '대문법(大語法)'의 개념일 것이다.(제4장에서 상세히 설명)

한편, 설명이 필요한 것이 하나 있다. 冯胜利(2015:29)는 "운율통사론(운율의 통사 제약)은 통사운율론(통사의 운율 제약)이 아니기 때문에, 언어의 운율체계가 다르면 그것이 제약하는 통사체계도 달라진다."고 하였다. 이를 통해 冯胜利의 '운율통사(韻律句法)'는 전적으로 통사에 대한 운율의 제약을 가리킴을 알 수 있다. 그러나 이 책에서 말하는 중국어 운율문법은 특별한 설명이 없는 한, 모두 다 운율의 문법제약 현상을 엄격하게 지칭하는 것이 아니라 학자들의 논의가 많은 운율과 문법 모두와 관련된 각종 언어 현상을 광범위하게 포괄하고 있음을 밝힌다.

제1절 문제의 제기

중국어 음성과 통사의미 사이의 관계에 대한 탐구는 1950년대에 이미 시작되었다(林燾 1957, 1962; 吕叔湘 1963). 林燾(1957, 1962)의 논문 두 편은 모두 중국어 경음(轻音) 현상을 논한 것이다. 이 두 편의 논문에서 林燾는 음성의 차이가 문법과 의미에 직접적인 영향을 미치는 많은 언어 사실들을 제시하였다. 특히 林燾(1962)에서는 현대중국어의 경음과 통사 구조의 관계에 대해 전반적으로 고찰하였는데, 그 중 일부(약강세(轻读) 성분의 부가 현상과 그 상관 구조에 대한 연구)는 국외 연구자들이 십여 년 뒤에야 비로소 주목하기 시작한 문제이다.(袁毓林 2003)

물론, 중국어 운율문법 연구에 가장 큰 영향을 미친 연구는 역시 吕叔湘(1963)이다. 이 글은 중국어의 1, 2음절과 관련한 일련의 문제에 대해 전면적으로 논의하였다. 그 가운데 이후 학자들의 폭넓은 관심과 토론을 불러일으킨 것은 다음 현상이다.

3음절의 음성 단락은 대다수가 2음절에 1음절을 더한 구조([2+1] 형식)이거나 1음절에 2음절을 더한 구조([1+2] 형식)이다. 구조 관계로 보면, 소수의 몇몇 경우를 제외하고는 모두 수식(偏正) 또는 동목 두 종류에 해당된다.……(수식 구조에서는) [2+1] 형식(动物学(동물학), 示意图(안내도), 辩证法(변증법), 可见度(가시도))이 [1+2] 형식(副作用(부작용), 手风琴(손풍금))보다 훨씬 많다.……수식 구조의 경우와 반대로, 3음절의 동목 구조에서는 [1+2] 형식(买东西(물건을 사다), 写文章(글을 쓰다))이 [2+1] 형식(吓唬人(거짓말로 사람을 놀라게 하다), 糟蹋钱(돈을 낭비하다))보다 더 많다.

동시에, 呂叔湘은 또 동목 구조는 1음절 동사가 2음절 목적어와 결합하는 형식의 경우에 한해 3음절로 바꿀 수도 있으며, 그 역은 성립하지 않는다고 지적하였다. 예를 들어, '扫街道(거리를 청소하다), 编剧本(극본을 편집하다), 编资料(자료를 편집하다)'라고 할 수는 있지만, '*打扫街, *编写剧, *编辑报'라고 말할 수는 없다.

이를 이후에 학자들에 의해 발견된 언어 사실과 종합하면, 중국어의 1, 2음절 결합 유형과 통사 구조와의 관련성은 다음과 같이 간략하게 기술할 수 있다.

첫째, 동목 구조의 경우 [1+2] 형식, [1+1] 형식, [2+2] 형식은 모두 적합하지만, [2+1] 형식은 일반적으로 적합하지 않다. 예는 다음과 같다.

(10) [1+1] 형식: 洗衣(옷을 빨다), 租房(집을 임대하다), 种蒜(마늘을 재배하다), 买米(쌀을 사다), 存包(가방을 맡기다)
　　　[2+2] 형식: 清洗衣物(세탁물을 깨끗이 세탁하다), 出租房屋(집을 임

대하다), 种植大蒜(마늘을 재배하다), 购买大米(쌀을 구매
하다), 存放包裹(소포를 맡기다)

[1+2] 형식: 洗衣服(옷을 빨다), 租房屋(집을 임대하다), 种大蒜(마늘
을 심다), 买大米(쌀을 사다), 存包裹(소포를 맡기다)

[2+1] 형식: *清洗衣, *出租房, *种植蒜,[1] *购买米, *存放包

둘째, 관형어-중심어의 경우 일반적으로 [2+1] 형식, [1+1] 형식,
[2+2] 형식은 적합하지만, [1+2] 형식은 적합하지 않다. 예는 다음과 같다.

(11) [1+1] 형식: 技工(기술공), 菜店(채소 가게), 粮仓(곡식 창고), 书展(도서
전), 表厂(시계 공장)

[2+2] 형식: 技术工人(기술 노동자), 蔬菜商店(채소 가게), 粮食仓库(곡
식 창고), 图书展览(도서전), 手表工厂(손목시계 공장)

[2+1] 형식: 技术工(기술공), 蔬菜店(채소 가게), 粮食库(곡식 창고), 图
书展(도서전), 手表厂(손목시계 공장)

[1+2] 형식: *技工人, *菜商店, *粮仓库, *书展览, *表工厂

셋째, 구성 성분의 의미가 같거나 유사해도 음절 수의 차이에 따라 의
미와 구조 관계는 완전히 달라질 수 있다. 예는 다음과 같다.

(12) 复印卡(복사 카드)　　印卡片(카드를 복사하다)　　复印卡片(복사카드/
카드를 복사하다)
　　(관형어-중심어)　　　　(술어-목적어)　　　　　(관형어-중심어/
술어-목적어)

---

1) 저자주: 이 가운데 '出租房'과 '种植蒜'을 관형어-중심어 구조로 이해하는 것은 좋은 구조
이다. 별표 부호는 술목 구조로 이해할 수 없음을 나타낸다. 이 두 예도 역시 음절 조합에
서 관형어-중심어 구조와 술목 구조가 경향성이 있음을 보여준다.

(13) 測量仪(측량 기계)　測仪器(기계를 측량하다)　測量仪器(측량기계/
　　　(관형어-중심어)　　　　(술어-목적어)　　　　　기계를 측량하다)
　　　　　　　　　　　　　　　　　　　　　　　　　　(관형어-중심어/
　　　　　　　　　　　　　　　　　　　　　　　　　　술어-목적어)

위의 네 그룹에서 관형어-중심어 구조는 [2+1] 형식을 선택할 수 있
는데, 만약 [1+2] 형식을 사용하면 '技工人'처럼 성립하지 않거나 '印卡
片'처럼 술어-목적어 구조로 이해됨을 알 수 있다. 또 술어-목적어 구조
는 [1+2] 형식을 선택할 수 있는데, 만약 [2+1] 형식을 사용하면 '清洗
衣'처럼 성립하지 않거나 '測量仪'와 같이 관형어-중심어 구조로 이해된
다. 이러한 음절 결합과 통사 구조 사이의 관련 현상에 대해 王洪君(2001)
은 '율격 관례(节律常规)'라고 하였다.

하지만 율격 관례는 강제성이 없어서 [1+2] 형식은 술목 구조와,
[2+1] 형식은 수식 구조와 각각 반드시 일대일 대응하는 것은 아니다.
[2+1] 형식의 술목 구조와 [1+2] 형식의 수식 구조 중에 후자가 훨씬 더
많기는 하지만, 이 두 구조는 모두 중국어에 존재하는 것들이다. 예를
들어 보면 다음과 같다.

(14) [2+1] 형식의 술목 구조:
　　　尊重人(사람을 존중하다), 喜欢钱(돈을 좋아하다), 相信鬼(귀신을 믿
　　　다), 商量事(일을 의논하다), 浪费水(물을 낭비하다)
(15) [1+2] 형식의 관형어-중심어 구조:
　　　校领导(학교 지도자), 金项链(금목걸이), 电风扇(전기 선풍기), 前总统
　　　(전대통령), 夜生活(밤 생활), 副校长(부총장/교감), 穷学生(가난한 학
　　　생), 纸房子(종이집), 花衬衫(꽃무늬 블라우스), 大房子(큰 집), 老朋友
　　　(옛 친구), 皮手套(가죽장갑), 新家具(새 가구), 男同学(남자 학우), 泥菩

萨(흙 보살), 甜酒糟(단 술지게미)

위의 현상들은 후에 중국어 운율문법에 관한 많은 학자들의 연구의 시발점이자 중점이 되었다. 吴为善(1986,1989, 2006), 张国宪(1989, 1996, 2004, 2005), 陆丙甫·端木三(Lu & Duanmu 1991, 2002), 端木三(1997, 1999, 2000, 2007, Duanmu 1997, 2000, 2005), 冯胜利(1997, 1998, 2000, 2005), 王洪君(2001), 王灿龙 (2002), 周韧(2006, 2012a), 柯航(2007), 陈刚·沈家煊(2012), 沈家煊(2013), 张洪明 (2014), 沈家煊·柯航(2014) 등의 연구들이 모두 이 문제를 논하였고, 아울러 각자의 해석을 제시하였다.

이 문제에 대한 논의도 역시 발전의 과정을 거쳐 왔다. 초기의 논의는 대체로 산만하고 체계적이지 못하다가, 1990년대 이후 외국에서 운율음운론이 발전함에 따라 端木三, 陆丙甫, 冯胜利 등 해외 학술적 배경을 가진 학자들이 외국의 이론과 중국어 현상을 결합하기 시작하였다. 이는 사람들에게 중국어 운율과 문법의 상호작용 문제에 대한 새로운 인식을 가져왔으며, 이를 통해 더욱더 체계적인 연구가 시작되었다. 동시에 중국어 운율문법 연구에서 관심을 가지는 문제의 범위도 확대되었다.

첫째, 논의의 중점은 시종 술어-목적어와 관형어-중심어의 결합이었지만, 주어-술어, 부사어-중심어, 술어-보어와 같은 구조의 율격 관례에도 주목하기 시작하였다. 예를 들면, 张国宪(2004)은 '동사＋형용사'로 이루어진 주술 구조에서는 [2+1] 형식과 [2+2] 형식만 성립하고, 이에 상응하는 [1+2] 형식과 [1+1] 형식은 성립하지 않음을 발견하였다. 다음의 예는 张国宪(2004)에서 가져왔다.

(16) [2+1] 형식: 说话慢(말 하는 것이 느리다), 吃饭快(밥 먹는 것이 빠르

다), 起床早(기상이 이르다), 睡觉晚(자는 것이 늦다)

[2+2] 형식: 翻译准确(번역이 정확하다), 维修困难(수리가 어렵다), 制作精巧(제작이 정교하다), 使用方便(사용이 편리하다)

[1+1] 형식: *说慢, *吃快, *起早, *睡晚

[1+2] 형식: *译准确, *修困难, *制精巧, *用方便

冯胜利(1996), 董秀芳(1998), 张国宪(2004)은 술어-보어 구조는 음절 조합에서도 '4개 대응 항목 중에 하나가 빠진(四缺一)' 양상으로, [2+1] 형식은 일반적으로 성립하지 않음을 발견하였다.

(17) [1+1] 형식: 关严(꼭 닫다), 摆齐(가지런히 배열하다), 洗净(깨끗이 씻다), 捆牢(단단하게 묶다)

[1+2] 형식: 关严实(꼭 닫다), 摆整齐(가지런히 배열하다), 洗干净(깨끗이 씻다), 捆结实(단단하게 묶다)

[2+2] 형식: 关闭严实(꼭 닫다), 摆放整齐(가지런히 배열하다), 清洗干净(깨끗이 씻다), 捆绑结实(단단하게 묶다)

[2+1] 형식: *关闭严, *摆放齐, *清洗净, *捆绑牢状

부사어-중심어 구조의 음절 조합 특징은 더욱 복잡한데, 张国宪(2004), 崔四行(2009), 周韧(2012b) 등 이에 대해 연구한 학자도 적지 않다.

둘째, '汉语大词典(한어대사전)', '纸张粉碎机(문서절단기)'와 같은 복합어의 어순 문제도 많은 학자들의 관심을 불러 일으켰다.

端木三(1997)과 冯胜利(1998)는 모두 '大汉语词典(대한어사전)'은 리듬이 좋지 않기 때문에 '汉语大词典'으로 바뀌어야 하지만, 1음절 관형어 '大(크다)'를 2음절 관형어 '大型(대형)'으로 바꾸면 문제가 없으므로 '大型汉语词典(대형 한어사전)'은 '汉语大型词典'으로 바꿀 필요가 없다고 주장하였다.

'文化大革命(문화대혁명)'을 '大文化革命'이라고 말하지 않는 것도 같은 이유 때문이다. 이와 관련된 문제로 또 '四川北路(쓰촨베이루)'가 있다. 많은 학자들은 이것이 '北四川路(베이쓰촨루)'가 위치 이동을 거쳐 만들어진 것이라고 보았는데, 그 원인도 역시 1음절 관형어가 첫머리에 올 수 없기 때문이다.

'纸张粉碎机'와 같은 복합어는 술목 구조가 명사를 수식하는 복합어(述宾饰名复合词)라고도 불리는데, '목적어성 명사(O)＋동사성 성분(V)＋중심어(H)'로 구성되어 있다. 端木三(Duanmu 1997)은 중국어에서 이처럼 술목 구조가 관형어가 되는 복합명사는 만약 O와 V가 2음절이나 다음절일 경우에는 어순이 일반적으로 OVH가 되고, O와 V가 1음절일 경우에는 어순이 일반적으로 VOH가 된다고 주장하였다. 예를 들어보자.

(18) 纸张粉碎机(문서절단기)—*粉碎纸张机
　　 碎纸机(문서절단기)－*纸碎机
　　 军马饲养场(군마 사육장)－*饲养军马场
　　 养马场(말 사육장)－*马养场

위의 예에서 볼 수 있듯이, 성분 O, V, H의 음절 수 변화가 복합어의 어순에 영향을 미치기 때문에 이러한 복합어의 생성 문제도 또한 중국어 운율문법 연구에서 자주 논의되는 문제 중 하나로 여겨진다.

위에서 살펴본 문제들에 대해 연구하는 학자들이 상당히 많으며, 그들은 각각의 이론적인 배경을 바탕으로 서로 다른 해석 방안을 제시하고 있다. 그들의 연구는 기본적인 방법에 따라 대략 세 가지 연구 방향으로 나눌 수 있는데, 이는 다음 절에서 소개하고자 한다.

제2절 강세 규칙 제약론

'강세(重音, stress)는 운율음운론에서 중요한 운율 자질로 간주되는 요소로, 운율문법 문헌에 자주 나타나며 중국어 운율문법 연구에서도 빈번히 언급된다. 端木三(2014)은 중국어에는 경성자(轻声字), 보통화의 상성변조(上声变调), 오(吳)방언의 변조역(变调域), 중국어 시가의 리듬, 단어 길이 결합 문제(율격 관례), 단어의 길이와 어순의 문제(복합어 어순 문제), 단어의 길이와 통사의 문제 등 많은 강세 현상이 있으며, 강세 이론은 중국어의 이러한 다양하고 어려운 문제들을 설명할 수 있다고 보았다. 冯胜利 등 학자들도 중국어 운율문법 문제를 설명할 때 강세 이론을 바탕으로 삼았다. 이 절에서는 위에서 언급한 중국어 운율문법 문제에 관한 강세 이론의 몇 가지 해석을 소개하고자 한다.

2.1 보조성분 강세 원칙과 좌측성분 강세 원칙

端木三(1990)은 통사 구조의 강세는 통사적 보조성분이 획득하며 보조성분이 핵심성분보다 더 강하다고 주장하였는데, 이것이 바로 '보조성분 강세 원칙(辅重原则, Nonhead Stress Principle)이다. 陆丙甫·端木三(Lu & Duanmu 1991, 2002)은 더 나아가 중국어의 강세는 소리의 길이로 나타나기 때문에 보조성분 강세 원칙은 보조성분 길이 원칙(Nonhead Length Principle)으로 나타난다고 주장하였다. 즉, 보조성분은 통사 핵심보다 짧지 않다는 것이다.

보조성분 강세 원칙에 따르면, 술목 구조에서 목적어는 보조성분이므로 강세를 얻기 때문에 음절 수가 술어의 음절 수보다 길거나 그와 같아야 한다. 따라서 [1+1] 형식, [1+2] 형식, [2+2] 형식은 모두 이에 부합하지만, [2+1] 형식은 술목 구조에서 2음절 술어가 1음절의 목적어보다 길어 보조성분이 길어야 하는 원칙(輔長原則)을 위반하기 때문에 성립할 수가 없다. 마찬가지로 관형어-중심어 구조의 보조성분은 관형어로 음절 수에 있어 통사 핵심인 중심어보다 적어서는 안 된다. 그런데 [1+2] 형식의 관형어-중심어 구조는 이 원칙을 위반하므로 역시 좋은 구조가 아니다.

보조성분 강세 원칙은 다음과 같은 경우에 대해서도 설명이 가능하다.

(19) 桌子下面　桌下　桌子下　*桌下面　(책상 아래)
　　　吃饭以前　饭前　吃饭前　*饭以前　(밥 먹기 전)
　　　(방위사가 핵심)
(20) 讲解清楚　讲清　*讲解清　讲清楚　(분명하게 말하다)
　　　打扫干净　扫净　*打扫净　扫干净　(깨끗하게 청소하다)
　　　(동사가 핵심)

보조성분 강세 원칙 외에, 端木三(Duanmu 1997)은 중국어 강세에는 좌측 강세, 2박자 음보, 목적어 강세, 순환, 직접성분의 적법성이라는 다섯 가지 제약 규칙이 있다고 하였다. 그는 중국어 복합어의 위치 이동은 모두 이들 강세 규칙에 의해 이루어진다고 보았다.

(21) a. 좌측 강세: 중국어 기본어와 복합어의 강세는 단어 첫머리에 있다.
　　　 b. 2박자 음보: 1음보는 (적어도) 2음절 길이가 되어야 한다.
　　　 c. 목적어 강세(음보 내에서는 적용되지 않음): 목적어는 동사보다 강하게 발음한다.
　　　 d. 순환: 율격 구조는 작은 단위에서 큰 단위로 구성한다.
　　　 e. 직접 성분의 적법성: 복합어의 직접 성분은 반드시 적법한 성분이어야 한다.

먼저 '大汉语词典' 문제를 보자. 1음절 관형어 '大(크다)'는 복합어의 첫 머리에 위치해 있기 때문에 좌측성분 강세 원칙에 따라 제1강세가 와야 하지만, 1음절은 두 박자를 구성할 수 없으므로 율격을 만들 수도 없고, 강세가 올 수도 없다. 이러한 두 가지 모순 때문에 이는 좋지 않은 구조 가 된다. 그런데 '汉语大词典'으로 바꾸면 음보가 (汉语)(大词典)으로 나뉘 는데, '汉语'는 2박자이고 복합어의 맨 왼쪽에 위치하므로 마침 제1강세 가 올 수 있다.

'纸张粉碎机'도 마찬가지이다. 의미상으로 보면 '纸张粉碎机'는 '粉碎纸 张的机器(지류를 분쇄하는 기계)'를 가리키지만, 만약 '粉碎纸张机'라고 했을 때 좌측성분 강세 원칙에 근거하면 제1강세가 '粉'에 와야 하는 반면, 또 목적어 강세(보조성분 강세) 원칙에 따르면 '纸张'은 보조성분으로서 중심 성분인 '粉碎'보다 강하게 발음해야 한다. 그런데 순서를 바꾸게 되면 좌 측성분 강세 원칙에도 부합하고, 목적어 강세 원칙에도 부합하는 좋은 구조가 된다. '碎纸机'에서는 '碎纸'가 2음절로 이루어진 음보가 되는데, 음보 내에서는 좌측성분 강세 원칙과 목적어 강세 원칙이 모두 적용되 지 않기 때문에 이는 적합하다.

보조성분 강세와 좌측성분 강세 등 강세 제약을 이용하여 상술한 현 상에 대해 설명하려는 시도는 많은 도전에 직면해 있다. 그 가운데 가장 큰 문제는 율격 관례에 대한 해석에 (14), (15)와 같은 많은 반례가 존재 한다는 것이다. 이에 端木三은 단어 길이에 탄성이 존재하는지 여부와 통사 핵심의 재판정이라는 두 가지 관점에서 반례에 대한 설명을 시도 하였다.

'喜欢人(사람을 좋아하다)', '研究鬼(귀신을 연구하다)'와 같이 보조성분이 길어야 한다는 원칙을 위반하는데도 여전히 성립하는 [2+1] 형식의 술목 구조에 대해, 端木三(2000)은 다음과 같이 설명하고 있다. 첫째는 이러한 구조의 수량이 많지 않다는 것이고, 둘째는 이들 구조 안에서 동사와 명사는 모두 그에 상응하는 다른 길이의 단어가 없기 때문에 의미 표현의 필요에 따라 오직 [2+1] 형식만 만들 수 있다는 것이다. 그리고 端木三(2000)은 [2+1] 형식 술목 구조의 성립에 대해 또 다른 해석도 제시하였다. 그는 '研究鬼'와 같은 구조의 1음절 목적어는 마침 휴지(停頓) 앞에 위치하므로 하나의 공박자(empty beat)[2]를 추가할 수 있기 때문에, '研究鬼'의 음보는 /^研究/^^鬼 x/(x는 공박자)로 나눌 수 있다고 보았다. 이 구조에서 '研究(연구하다)'는 2음절이므로 단독으로 하나의 음보를 이루고, 강세는 '研'에 있으므로 부호 ^를 사용하여 표시하였다. '鬼(귀신)'와 공박자는 함께 하나의 음보를 이루고, 술목 구조 전체의 제1강세는 '鬼'에 있으므로 부호 ^^를 사용하여 표시하였다. 공박자의 도움으로 이 구조는 보조성분이 길어야 한다는 원칙을 위반하지 않게 된 것이다.

　[1+2] 형식의 관형어-중심어 구조에 대해서는 선택할 수 있는 다른 길이의 단어 존재 여부를 고려해야 하며, 그것의 통사 핵심도 재검토해야 한다. 陆丙甫·端木三(Lu & Duanmu 2002)은 대량으로 존재하는 [1+2] 형식 관형어-중심어 구조는 대부분 형용사-명사 구조(이하 AN으로 약칭)인데, 그 기본구조는 [AN]이 아니라 [A的N]이다. 그 이유는 [AN]은 일반적으로 성립할 수 없지만, 이에 상응하는 [A的N]은 성립할 수 있기 때문이다. 예를 들어보자.

---

2) 역자주: 이는 다른 용어로 영박자(zero beat), 무음박자(silent beat), 공음절(empty syllable), 영음절(zero syllable)이라고도 부른다.

(22) 大号房间   大号的房间 (큰 방)

     ?重大事情   重大的事情 (중대한 일)

     ?困难问题   困难的问题 (어려운 문제)

AN식으로 이루어진 관형어-중심어의 기본구조는 [A的N]이므로 현재의 생성문법 이론에 따르면 통사 핵심은 바로 '的'이고, 수식어 A와 중심어 N은 모두 핵심성분이 아닌 보조성분이 된다. 따라서 이 경우에 보조성분 강세 원칙을 위반하지 않게 된다. 물론, 이렇게 처리하기 위해서는 [A的N]이 표층 구조에서 어떻게 '的'가 생략되어 [AN]으로 변한 것인지에 대해서 설명이 필요하다. 이에 대해 陆丙甫와 端木三은 '的'가 다음 (a), (b)의 두 가지 상황에서 생략이 가능하다는 가설을 세웠다. (a)는 '的'가 두 개의 음보 사이에 출현하였을 경우이고, (b)는 '的'가 하나의 음보 안에 있을 경우이다. 그들은 좌측성분 강세(제1강세는 반드시 음보의 왼쪽 음절에 있다)와 보조성분 강세 2음절 제약(辅重必双: 2음절 성분은 강세를 받을 수 있지만, 1음절 성분은 강세를 받을 수 없다)이라는 두 가지 원칙의 공동 작용에 따라 AN식 관형어-중심어의 음보 구조를 아래와 같이 구분하였다.

(23)   [2+2] 형식   [1+1] 형식   [2+1] 형식   [1+2] 형식

      (女性)-(工人)   (女-工)   *(女性)-工   (女-工)人   (여성 노동자)

      (大号)-(房间)   (大-间)   *(大号)-间   (大-房)间   (큰 방)

위의 가설에 따르면, [2+2] 형식에서 '的'는 두 음보 사이에 위치하기 때문에 일반적으로 생략이 가능하다. [1+2] 형식과 [1+1] 형식에서 '的'도 하나의 음보 안에 있으므로 역시 생략이 가능하다. 반면, [2+1] 형식에서는 이러한 두 가지 조건을 모두 충족시키지 않으므로 '的'는 생략할

수 없으며, 이를 생략한 '女性工', '大号间'는 성립하지 않는다. 그런데 '女性的工', '大号的间'도 사실상 성립될 수가 없다. 그래서 그들은 한 걸음 더 나아가 [A的N]에서 '的'는 통사의 핵심으로 강세를 얻을 수 없지만, A와 N은 보조성분이므로 모두 강세를 얻어야 한다고 설명하였다. [A的N]의 몇 가지 음보 구조 형식은 아래와 같이 나타낼 수 있다.

(24)　　　2的2　　　　　1的1　　　　2的1　　　　1的2

　　　(女性)的(工人)　*(女的)(工)　*(女性)的(工)　(女的)(工人)

　　　(大号)的(房间)　*(大的)(间)　*(大号)的(间)　(大的)(房间)

(24)에서 보듯이 [1的1]과 [2的1]의 음보 구조에서 형용사가 있는 음보는 모두 두 박자이지만, 명사가 있는 경우는 그렇지가 않다. 이는 '보조성분 강세 2음절 제약'의 원칙을 위배하였기 때문에 성립될 수 없다. 기본 형식인 [2的1]도 성립되지 않기 때문에 [2+1] 형식의 AN식은 당연히 성립할 수가 없다.

[1+2] 형식의 관형어-중심어 구조에는 모두 AN식의 관형어-중심어 구조만 있는 것은 아니며, '金屋顶(금색 지붕)'과 같은 NN식의 관형어-중심어 구조도 있다. 그런데 陆丙甫·端木三(Lu & Duanmu 1991, 2002)은 이러한 [1+2] 형식의 NN식 관형어-중심어 구조를 AN식 관형어-중심어 구조로 보아야 한다고 주장하였다. 왜냐하면 그것들이 대응하는 [2+2] 형식은 일반적으로 가운데에 '的'를 넣을 수가 있어 [1+2] 형식의 AN 관형어-중심어와 같은 반면, [2+1] 형식의 NN식 관형어-중심어에 대응하는 [2+2] 형식은 일반적으로 가운데에 '的'를 넣을 수가 없기 때문이다.

예를 들어보자.

  (25) [1+2] 형식의 NN식 구조에 상응하는 격식
　　 金屋顶(금 지붕)　　　金色屋顶(금색 지붕)　　 金色的屋顶(금색의 지붕)
　　 省代表(성(省) 대표) 省级代表(성급 대표)　　省级的代表(성급의 대표)
  (26) [2+1] 형식의 NN식 구조에 상응하는 격식
　　 手表厂(손목시계 공장)　 手表工厂(손목시계 공장)　 *手表的工厂
　　 技术工(기술공)　　　　　技术工人(기술 노동자)　　 *技术的工人

위에서 언급한 예외에 대한 보조성분 강세 원칙의 이러한 기술적 처리는 번잡할 뿐만 아니라 몇 가지 문제도 있다.

첫째, '研究鬼'와 같은 [2+1] 형식의 술목 구조에서 휴지 앞의 1음절 목적어가 모두 공박자를 통해 적합한 두 박자로 보완될 수 있다면, 다량의 [2+1] 형식 술목 구조가 이러한 방식을 통해 적법성을 획득할 것이다. 그러나 실제로는 '购买票', '参加会'처럼 많은 [2+1] 형식 술목 구조는 성립하지 않는다. 그리고 匡腊英(2003)에 따르면 총 250만 자에 달하는 『作家文摘』와 『人民日报』의 실제 언어코퍼스에서 중복된 용례를 계산하지 않을 경우 [2+1] 형식은 겨우 38 종류에 불과하다. 또 목적어의 유형 또한 지극히 단순하여 '人(사람)'이 목적어인 경우가 전체의 74%를 차지한다.

둘째, '大房间'과 같은 [1+2] 형식 AN식 관형어-중심어 구조의 음보를 (大房)(间)으로 나누는 것은 사실적인 근거가 부족하다. 王洪君(2000)은 하위 음보를 나누는 것은 연속되는 성조역(连调域)과 휴지의 가능성을 근거로 해야 하고, 또한 단독으로 말할 때와 더 큰 조합에서의 연속되는 성조와 휴지를 종합적으로 고려해야 한다고 주장하였다. 이 원칙에 기초하여 王洪君은 '大房间'의 음보는 (大)(房间) 또는 (大房间)으로 나누어야 한

다고 보았다.

셋째, [2+2] 형식의 AN식 조합은 제한적이기는 해도 '宏伟目标(웅대한 목표)', '广阔天地(광활한 천지)', '贵重物品(귀중한 물품)', '惨痛遭遇(참혹한 운명)' 등과 같이 그 예가 여전히 대량으로 존재하고 있기 때문에 이들을 부적격 형식으로 볼 수는 없으며, 더욱이 이를 근거로 [AN]의 기본 구조를 [A的N]이라고 보아서도 안 된다. '랭커스터 중국어 코퍼스(Lancaster Corpus of Mandarin Chinese)' 중에 총 43만자에 달하는 가장 큰 두 가지 문체('전기(传记)와 산문' 및 '과학기술: 학술논문')의 코퍼스 자료에 대한 祁峰·端木三(2015)의 통계 결과를 보면, '과학기술: 학술 논문' 문체의 코퍼스 가운데 [2+2] 형식의 AN식 관형어-중심어 조합은 모두 1770개 용례로 29.3%를 점하는데, 이는 [1+1] 형식의 AN식 관형어-중심어 용례에 이어 2위를 차지한다. '전기와 산문' 문체의 코퍼스에서는 [2+2] 형식의 AN식 관형어-중심어 조합이 모두 471개 용례로 11.1%를 점하여 3위를 차지하였지만, 수량은 [2+1] 형식의 관형어-중심어(1.9%)보다 훨씬 더 많았다. 이러한 통계 수치는 [2+2] 형식의 AN식도 결코 드물지 않다는 것을 보여준다.

넷째, AN식의 핵심이 '的'이고 A와 N이 모두 보조성분이라면, 이론상 [1+2] 형식과 [2+1] 형식은 좋은 구조여야 한다. 그런데 사실은 선택할 수 있는 다른 길이의 단어가 존재하는 경우에도 많은 AN식의 음절 조합들은 '*重大事-大事情(큰 일)', '*香甜酒-甜酒糟(달콤한 술 지게미)', '*崭新衣-新衣服(새 옷)'와 같이 그 중에 하나만 선택이 가능하다. 그 밖에 '纸房子(종이집)-纸板房(판지 집)', '校商店(교내상점)-学校店(학교점)', '社会病(사회병)-病社会(병적인 사회)'와 같이 [1+2] 형식과 [2+1] 형식의 관형어-중심어 구조가 모두 존재하는 것에 대해서는 보조성분 강세 원칙도 이들의 차이를 설명할 수가 없다.

마찬가지로, (21)에서 제시한 강세 규칙을 적용하여 복합어의 어순 문제를 설명하는 것도 많은 반례에 부딪칠 수 있으며, 좌측성분 강세와 보조성분 강세 원칙에 위배되는 복합어도 적지 않다. '征求意见稿(의견서 모집)', '防垃圾邮件程序(스팸메일 방지 프로그램)', '削铅笔刀(연필깎이 칼)', '抽油烟机(주방후드/환풍기)' 등이 모두 그 예에 해당되는데, 이들은 강세 규칙으로는 설명하기가 어렵다.

2.2 음보 방향과 일반강세 규칙

冯胜利는 중국어 운율과 문법 사이의 관계를 논할 때 단어와 구의 엄격한 구분을 출발점으로 삼았다. 단어는 왼쪽에서 오른쪽 방향으로 음보를 구성하고, 구는 오른쪽에서 왼쪽 방향으로 음보를 구성한다는 것이다. 즉, '오른쪽 방향으로는 단어를 구성하고, 왼쪽 방향으로는 구를 만드는 것(右向构词, 左向造语)'이 곧 '음보 조합 방향 이론(音步组向理论)'이다.

冯胜利(1998)는 문법과 의미의 영향을 받지 않고 구성된 중국어의 자연음보는 왼쪽에서 오른쪽으로 진행하며, 이것은 의미가 없는 글자 꾸러미나 병렬식의 글자 꾸러미를 읽는 방법을 통해 증명할 수 있다고 하였다. 예를 들면 다음과 같다.

오른쪽 방향 : 阿拉/伯(아라비아) 左中/右(좌중우) 福禄/寿(복록수)[3]
德谟/克拉西(데모크라시(democracy))

---

3) 복록수는 중국 한족 민간신앙의 세 신선으로 행복, 길리, 장수를 상징한다. 중국인들이 자주 사용하는 '福寿双全', '福寿无疆', '福星高照' 등의 덕담도 이들과 관련이 있다.

金木/水火土(금목수화토)
왼쪽 방향 : *阿/拉伯 *左/中右 *福/禄寿
　　　　　*德谟克/拉西
　　　　　金木水/火土(금목수화토)

중국어의 합성어는 먼저 하나의 운율단어이고, 운율단어는 자연 음보를 취하기 때문에 단어 구성도 왼쪽에서 오른쪽 방향이다. 3음절의 NN식 관형어-중심어 구조는 합성어로, '手表厂'과 같이 오직 [2+1] 형식만 적합하다.

구가 단어 구성과 달리 왼쪽 방향의 음보를 취하는 이유는 일반강세 규칙에서부터 논의를 시작해야 한다.

일반강세(normal stress)는 핵강세(nuclear stress)라고도 하는데,[4] 특수한 언어 환경이 없는 상황에서 나타나는 하나의 구(또는 문장)의 강세를 말한다. 冯胜利(2000, 2011a)는 중국어의 일반강세는 주요 동사가 할당하는데, 이 동사는 그 지배를 받는 성분과 함께 운율 영역을 만들고, 이 영역 내의 마지막 성분에게 왼쪽에서 오른쪽으로 일반강세를 할당한다고 주장하였다. 구체적인 내용은 (27)과 나타난 바와 같다.(s는 '강세(stress)'를 가리킴.)

(27) 중국어의 일반강세 할당 규칙

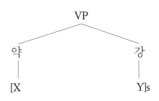

---

4) 역자주: 그 외 기정치 강세(default stress), 보통 강세(normal stress)라고도 한다.

운율 체계의 규칙은 '일반강세 할당 규칙(普通重音指派規則)' 외에도 '1음절은 약하고 2음절은 강한(单轻双重)' 원칙, 즉 2분지 단위는 1분지 단위보다 강하게 발음하는 규칙이 있다. 이는 (28)에서 보이는 바와 같다.

(28) 1음절은 약하고 2음절은 강한 원칙

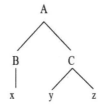

위의 구조 A에서 C는 2분지 구조이고, B는 1분지 성분이기 때문에 C는 반드시 B보다 강하게 발음해야 한다.

중국어의 구는 일반강세 할당 규칙과 1음절은 약하고 2음절은 강한 원칙을 동시에 충족시켜야 한다. 만약 양자가 충돌하게 되면 전체 구조는 성립할 수 없다. 이것이 바로 중국어에서 왼쪽으로 구를 구성(左向造语)해야 하는 이유이다. 이는 구체적으로 (29), (30)으로 나타낼 수 있다.([S]는 강(Strong), [W]는 약(Weak)을 의미함)

(29) 두 원칙이 서로 부합되는 경우

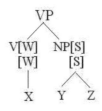

(30) 두 원칙이 서로 모순되는 경우

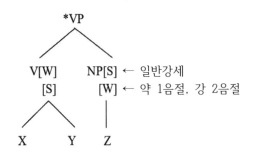

冯胜利(2000)에 따르면, 술목 구조는 구이고 운율적으로도 [1+2] 형식이어서 두 원칙이 서로 부합된다. 그런데 만약 [2+1] 형식을 채택하게 되면 두 원칙이 상호모순이 되어 그 구조는 성립하지 않는다. 이는 또한 왜 술보 구조 '关闭严'은 좋지 않고, '关严实(꼭 닫다)'라고 말해야 하는지도 설명할 수 있다.

음보 조합 방향 규칙은 율격 관례 현상을 설명할 때도 문제가 많다.

먼저, 복합어가 오직 [2+1] 형식만 가능하다고 보는 것은 곧 [1+2] 형식의 관형어-중심어 구조는 모두 구에 속한다는 것을 의미하는데, 이는 사실과 다르다. 예를 들면, '纸老虎(종이 호랑이)'는 의미상 '纸做的老虎(종이로 만든 호랑이)'를 가리키지 않으며, 구조적으로도 다른 성분이 그 사이에 들어가서 확장을 하는 것이 불가능하기 때문에 분명히 하나의 단어이다.

다음으로, 주술, 부사어-중심어, 술보, 술목 구조로 이루어진 구 가운데는 '天气好(날씨가 좋다)', '快点跑(빨리 달려라)', '排挤掉(배척해 버리다)', '相信鬼(귀신을 믿다)'처럼 [2+1] 형식으로 이루어진 예도 많다.

위의 문제를 해결하기 위해서 冯胜利(2001a, 2005: 16)에서는 음보 조합 방향 규칙에 대해 수정을 가하였다. 단어와 구를 만드는 것은 각각 다른 층위에 속한다고 보더라도, 단어를 만드는 것은 여전히 오른쪽 방향으로만 가능하지만, 통사 층위에서 음보 구성의 방향은 '오른쪽과 왼쪽이 모두 가능'한 것으로 수정하였다.[5] 즉, [2+1] 형식으로 이루어진 구도 성립한다는 것이다.

그 밖에, 冯胜利는 오직 N+N 구조만이 형태론의 산물이며, 형태적 단어(词法词. 또는 '词汇词(어휘어)')인 V+N, P+N, Subj.+Pred., Adv+V 등 다른 조합은 모두 구를 만드는 형식이며, 이를 통해 만들어진 단어는 통사적 단어(句法词)라고 주장하였다. 즉, '纸老虎'와 '小雨伞'은 통사적 단어라는 것이다. '통사적 단어'와 '형태적 단어'에 대해서, 冯胜利(2001a)에서는 일련의 예를 통해 그 차이를 설명하고 있다.

---

5) 역자주: 冯胜利(2009)에서 문장의 음보를 나누는 과정을 다음과 같이 제시하고 있다.
   (1) 먼저 직접 성분석석법에 따라 문장을 나눈다. (2) 오른쪽에서 왼쪽으로 2음절 음보씩 성분을 묶는다. (3) 남는 1음절 성분은 2음절 음보가 되도록 묶는다. (4) 2음절 음보가 되지 않은 1음절 성분은 이웃한 음보와 묶는데, 이 때 통사 관계에 따라 왼쪽 성분에 결합할지 오른쪽 성분에 결합할지를 결정한다. 예를 들면, 校长想请小王吃晚饭(교장은 샤오왕을 저녁식사에 초대하고 싶어 한다)이라는 문장은 (1)에 근거하여 (a)와 같이 나눈다. 다음 (2)에 근거하여 (b)와 같은 음보를 구성하며, (3)을 통해 (c)를 구성한다(괄호를 사용하여 음보 표시). 마지막으로 (4)에 따라 (d)와 같은 음보 구조를 완성한다.
   (a) 校长//想请小王/吃晚饭。
   (b) (校长)//想请(小王)/吃(晚饭)。
   (c) (校长)//(想请)(小王)/吃(晚饭)。
   (d) (校长)//(想请)(小王)/(吃晚饭)。
   문장에 기능어(functional word)가 있으면 음보의 조합은 달라진다. 출처: 冯胜利 지음, 신수영·이옥주·전기정 공역, 『중국어의 운율과 형태·통사』 27쪽, 역락, 2013에서 재인용.

예	분석	단어	구
大盘子(큰 접시)	통사론 [X⁰+Y⁰]	— (*白大盘子)	— (*很大盘子)
大褂儿(가운)	형태론 [X⁰+Y⁰]	+ (白大褂儿) (흰 가운)	— (*很大褂儿)

冯胜利는 '大盘子', '小雨伞'과 같은 AN식 구조는 단어 같지 않은 특징과 구 같지 같은 특징을 모두 가지고 있다고 보았다. 또는 그들은 단어 같기도 하고 구 같기도 한데, 이는 '大褂儿'와 같은 형태적 단어와는 분명한 차이가 있다. 그 원인은 이들이 통사적 형태론의 산물이기 때문이다. [A+N] 구조가 만들어 내는 것은 통사적 단어이기 때문에 음보의 실현 방향은 왼쪽 방향일 수 있는 것이다.

'纸老虎'와 같은 예외에 대해서, 冯胜利는 '纸老虎', '金项链(금목걸이)'이 '*纸工厂', '*金商店'와 대비를 이루는 것은 전자의 '纸(종이)'와 '金(금)'이 명사가 아니라 비술어 형용사6)로 모두 통사법의 작용으로 만들어진 '통사적 단어'이기 때문이라고 보았다. '纸工厂', '金商店'이 성립하기 위해서는 반드시 '用纸做的工厂(종이로 만든 공장)', '用金子做的商店(금으로 만든 상점)'으로 이해되어야 한다. 다시 말해, 관형어가 명사에서 형용사로 변해야 한다는 것이다.

위의 설명은 또 다른 새로운 문제도 초래하였다.

첫째, 왜 오직 N+N 구조만이 형태적 단어를 만들 수 있고, A+N 구

---

6) 역자주: 중국어의 형용사는 일반적으로 성질형용사와 상태형용사로 나누는데, 이들은 모두 술어가 될 수 있다. 하지만, 형용사 중에는 명사와 형용사의 중간적 성격을 가진 것들도 있는데, 이들은 술어가 될 수 없기 때문에 비술어 형용사라고 한다. 또 이들은 정보부사의 수식도 받지 않으며, 주로 명사를 수식하는 역할을 하므로 구별사라고도 한다. 대표적인 것으로 '男, 女, 大型, 金, 银' 등이 있다.

조 등 다른 조합 형식이 만든 것은 모두 통사적 단어인가? 또한 만약 이
러한 주장이 성립한다면, '大褂儿'와 같이 AN식 관형어-중심어 구조('大
褂儿'는 '형태적 단어'로 여겨진다.)와 '大盘子', '小雨伞'의 문법적 차이는 어떻
게 설명할 것인가?

둘째, '纸房子'와 '纸板房'은 모두 성립하고, 모두 '用纸/纸板做的房子(종
이/판지로 만든 집)'으로 해석되는데, 여기서 관형어 '纸(종이)'와 '纸板(판지)'은
모두 비술어 형용사로 처리할 것인가?

셋째, 구를 만들 때 '왼쪽 방향과 오른쪽 방향이 모두 가능'하다면, 왜
[2+1] 형식의 술목 구조는 흔히 성립하지 않는가?

이전 학자들의 연구나 이후의 수정 방안 모두 음보 조합 방향 규칙의
기본적인 생각은 율격 관례에 대한 설명을 '단어'와 '구'의 구별과 긴밀
하게 연결시켜야 한다는 것이지만, 이는 몇 가지 문제에 직면하였다. 필
자는 그 근본적인 원인이 바로 중국어의 '단어'와 '구'의 경계가 불분명
하다는 데 있다고 본다. 이 점에 대해서는 많은 학자들의 논의(Chao 1975,
吕叔湘 1979, 沈家煊 2017b 등)도 있었다. '尺寸(길이/사이즈)-大小(크기)-咸甜(달고
짠 정도)'와 '快艇(쾌속정)-快车(고속열차)-快马(빠른 말)'은 두 글자 조합이 각
각 3개씩 있는 두 그룹이다. 여기서 단어 유사성은 두 그룹 모두 오른쪽
으로 갈수록 점차 감소한다. 이 두 그룹의 예들은 구조도 다르고, 구성
성분의 성질도 다르지만, 모두 중국어의 단어와 구의 경계가 불분명하다
는 특징을 보여준다. 이를 통해 단어와 구의 사이에 있는 모호한 영역(단
어도 구도 아니거나 단어 같기도 하고 구 같기도 한 것)을 '통사적 단어'라는 하
나의 층위만으로는 구분하기가 어렵다는 것을 알 수 있다. 따라서 단어
와 구의 음보 조합 방향 차이에서 해석을 모색하고자 하는 시도에는 넘

기 어려운 현실적인 장애가 있다. 물론, 단어와 구의 구분이 어려운 것이 중국어만의 독특한 현상은 아니며, 영어에도 명확히 구분하기 어려운 경우가 존재한다. 하지만 영어에서는 단어와 구를 구분하기 어려운 것이 부차적인 현상인 반면, 중국어에서는 그것이 중요한 현상이다. 바로 이 점에서 영어와 중국어의 큰 차이가 있으므로 두 언어를 단순 비교할 수는 없다.

음보 조합 방향 규칙은 또 중국어 복합어의 어순 문제를 설명할 때도 사용된다. 冯胜利(1998, 2000)에서는 중국어 5음절 복합어의 음보 구성 모델은 왼쪽에서 오른쪽으로 진행되는 [2+3] 형식이라고 주장하였다. 하지만 '大汉语词典'의 음보 구성 모델은 [1+2+2] 형식으로, '자연 음보'의 조건에 부합하지 않으므로 운율단어가 될 수 없다. 나아가 또한 이는 좋은 복합어가 될 수도 없기 때문에 위치 이동을 통해 '汉语大词典'이 되어야 한다. '*粉碎纸张机'의 문제도 역시 음보 조합 방향에 있다. 이는 복합어이므로 오른쪽 방향의 음보가 되어야 하지만, 내부의 '粉碎纸张'은 동목구로 왼쪽 방향으로 음보가 구성되어 있기 때문에 단어를 만드는 규칙과 구를 구성하는 규칙 사이에 충돌이 발생하게 된다. 따라서 동사와 목적어를 도치시켜 적법한 구조로 만들 수밖에 없는 것이다. 冯胜利(1998, 2000)는 이러한 음절의 조정이 통사법에 대한 운율 규칙의 제약을 보여주는 것이라고 주장한다.

물론, 만약 상술한 음보 조합 방향 규칙이 강제적이라면 이를 사용하여 위에서 본 어순 문제에 대해 설명하는 것은 보조성분 강세 원칙과 마찬가지로 많은 반례에 부딪힐 것이 분명하다.

冯胜利가 구축한 운율통사론에서 '자연강세 할당 규칙'은 운율이 통사를 제약하는 가장 주요한 수단으로 여겨진다. 이는 본 책에서 중점적으로 다루고 있는 율격 관례 현상과도 관계가 있으며, 다른 많은 현상들도 이것으로 설명이 가능하다.(冯胜利 2000, 2011a 참조) 예는 다음과 같다.

(31) a. *打了电话三次 － b. 电话 打了三次(전화를 세 번 했다)
(32) a. *收徒弟 少林寺 － b. 收徒 少林寺(소림사에 제자를 받다)
(33) a. *关严实 窗户 － b. 关严 窗户(창문을 꼭 닫다)

'자연강세 할당 규칙'에 따르면 중국어의 자연강세는 주로 동사가 할당하며, 할당 횟수는 1회에 한한다. 따라서 동사 뒤에 강세를 할당받은 성분이 두 개가 올 수는 없다. 만약 강세가 필요한데도 이를 얻지 못한 성분이 오면 운율 조정 실패로 인해 전체 구조의 부적격을 초래하는데, 그 예가 바로 위 (31)~(33) a그룹의 경우이다.

중국어 운율문법 현상에 대해 분석을 할 때, '보조성분 강세 원칙'은 또 강세가 필요한 성분이 강세를 얻지 못하게 되면, 이 역시 때때로 좋은 구조가 아니라고 주장한다. 예를 들어, '坏人的欺骗(악인의 기만)'을 '*坏人的骗'이라고 말할 수 없는 이유는 바로 '骗'이 강세가 와야 하는 보조성분인데도 1음절이어서 강세를 할당받을 수 없기 때문이다.(端木三 1997)

따라서 강세가 중국어 문법 구조의 적법성에 제약을 가한다는 점에 있어서 '보조성분 강세 원칙'과 '자연강세 할당 규칙'의 관점은 일치한다. 물론, 구체적인 강세 할당 방식에서는 두 이론이 확연한 차이를 보인다. '보조성분 강세 원칙'은 강세가 통사 구조를 통해 할당된다고 보는 반면, '자연강세 할당 규칙'은 동사가 직접 강세를 할당한다고 본다.

동사가 강세를 할당하는 것이 합리적인지의 여부와 관련하여, 周韧

(2012a)은 자신의 관점을 다음과 같이 주장한 바 있다. 그는 중국어에서 명사술어문('今天星期三(오늘은 수요일이다)')과 같이 동사가 없는 문장도 있고, 동사 반복문('她看书看得很累(그는 책을 봐서 피곤하다)')이나 연동문('她上街买菜(그는 거리에 나가서 채소를 산다)')과 같이 동사가 두 개인 문장도 있다. 이러한 경우에는 무엇이 강세를 할당할 것인지가 문제가 된다.

그 외에, 중국어에는 이중 목적어 구문과 목적어가 하나인 문장도 있는데, 이 경우에는 또 동사가 어디에 강세를 할당해야 하는지가 문제가 된다. 따라서 周韧(2012a)은 '동사의 강세 할당' 규칙이 아마도 '보조성분 강세 원칙'과 같은 구조를 통한 강세 할당 규칙에 비해 설명력이 떨어질 것이라고 보았다.

하지만 '보조성분 강세 원칙'도 깊이 따져보면 역시 다음의 질문에 답을 할 필요가 있다. 왜 보조성분은 반드시 강세를 획득해야 하는가? 강세라는 운율 자질의 배후에 더 깊은 동인이 있지는 않을까? 아래에서 살펴 볼 정보-강세 원칙은 이러한 문제에 대한 심도 있는 논의로 볼 수 있다.

2.3 정보-강세 원칙

端木三(2007, Duanmu 2005)은 보조성분이 왜 반드시 강세를 가지는지를 설명하기 위해서 하나의 새로운 어구 강세 이론인 '정보-강세 원칙'을 제시하였다.

(34) 정보-강세 원칙(Information-Stress Principle): 정보량이 많은 단어는 다른 단어보다 강하게 읽는다.

Shannon & Weaver(1949)의 관점에 따르면, 하나의 신호에 의해 부하되는 정보의 양은 신호 자체에 달려 있는 것이 아니라 선택할 수 있는 신호의 수에 정비례한다. 선택할 수 있는 신호가 많을수록 단일 신호에 부하된 정보의 양이 증가하며, 역으로 선택 가능한 신호가 적을수록 상응하는 단일 신호에 의해 부하되는 정보의 양은 감소한다. 따라서 端木三(2007)은 정보량에 대해 다음과 같이 정의하였다.

한 단어가 출현한 확률이 높을수록 정보의 양은 낮아진다.
한 위치에 출현할 수 있는 단어가 많을수록 각각의 단어가 출현할 확률은 낮아지고, 그 정보량은 높아진다.

구체적으로 보조성분 강세 원칙에서 중심성분의 단위는 단어급이어서 확장이 어렵기 때문에 수량은 아무리 많아도 제한적이다. 반면, 보조성분은 구의 단위여서 확장이 가능하기 때문에 수량이 무한하다. 따라서 중심성분은 나타날 확률은 높지만 정보량이 낮고, 보조성분은 나타날 확률은 낮지만 정보량이 높으므로 강하게 읽어야 한다. 3음절 조합에서는 현대중국어에서 중심어가 되는 동사는 보조성분이 되는 명사보다 수량이 적다. 따라서 동사는 담고 있는 정보량이 적으므로 약하게 읽어야 하고, 명사는 담고 있는 정보량이 많으므로 강하게 읽어야 한다.

이처럼 한 언어의 어휘 체계에서 단순히 어떤 종류의 단어수로 정보량의 크기를 판단하는 것은 지나치게 거시적이며, 비록 그것이 일리가 있다고 생각하더라도 형용사와 명사의 결합 상황을 설명하기는 어렵다. 왜냐하면 현대 중국어에서 명사의 수가 형용사보다 훨씬 많기 때문이다. 그런데 명사와 명사의 결합은 [1+2] 형식과 [2+1] 형식이 모두 존재하기 때문에 이를 명사의 숫자로 설명하기는 더욱 불가능하다.

정보-강세 원칙을 적용해 중국어의 율격 관례를 구체적으로 분석한 연구로는 周韌(2006)이 있다. 그는 관형어에 담긴 정보량의 크기가 중국 어의 관형어-중심어 조합 모델을 결정하는 중요한 요소라고 보고, 정보 량이 많은 성분은 강세를 얻고, 정보량이 적은 성분은 강세를 얻지 못한 다고 지적하였다. 그는 이를 '정보량 원칙'이라 칭하였다. 정보량이 많은 성분은 운율적으로 더 두드러지는데, 중국어의 경우 강세의 표현 방식 중 하나가 음절의 길이이기 때문에 정보량이 많은 관형어는 2음절을 사 용하고 정보량은 적은 관형어는 1음절을 사용한다는 것이다. 관형어-중 심어 구조가 [1+2] 형식을 선택할 것인지 [2+1] 형식을 선택할 것인지는 관형어의 정보량과 관련이 있으며, 강세를 연결점으로 하여 정보량과 음 절 수가 관계를 맺는다고 보았다.

정보량의 크기 판정에 관해서, 周韌(2006)은 袁毓林(1999)의 관점을 차용 하여 중국어에서 다항 관형어의 일반적인 배열 순서는 정보량이 증가하 는 하나의 연속체로 볼 수 있다고 주장하였다. 왜냐하면 袁毓林(1999)에 서 대립항이 적은 관형어는 대립항이 많은 관형어보다 앞에 위치해야 하는데, '대립항의 수량' 이면에는 사실 정보량의 차이가 숨어있다고 보 았다. 이는 정보량에 대한 Shannon & Weaver(1949), 端木三(2007)의 판정기 준과도 일치한다.

周韌(2006)은 관형어의 의미 범주와 정보량 크기 사이의 관계를 다음과 같이 도출하였다.

(35) 신구>크기>색깔>모양, 냄새>속성>시간, 처소>재료>용도

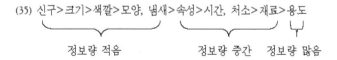

정보량 적음　　　　　　　정보량 중간　　정보량 많음

'신구, 크기, 색깔, 모양, 냄새' 등의 개념을 나타내는 관형어는 정보량
이 적어 1음절을 사용하려는 경향이 있기 때문에 주로 '旧毛巾(헌 수건),
大房间(큰 방), 红手套(붉은 장갑), 臭豆腐(취두부), 圆书桌(둥근 책상)'와 같은
[1+2] 형식의 구조를 형성한다.

반면 '용도'를 나타내는 관형어는 담고 있는 정보량이 가장 많기 때문
에 '洗衣机(세탁기), 签字笔(서명용 펜), 阅览室(열람실), 信息亭(정보단말기), 手表
厂(손목시계 공장)'과 같이 2음절을 사용하여 [2+1] 형식을 형성하는 경향
이 있다.

'속성, 시간, 처소, 재료'와 같은 개념을 나타내는 관형어는 정보량이
중간이므로 1음절과 2음절이 모두 가능하여 [1+2] 형식과 [2+1] 형식
이 모두 존재한다.

周韧(2006)의 작업 중에 가장 의미 있는 부분은 운율의 이면에 있는 더
심층적인 동인을 밝히려고 시도한 데 있다. 물론 '정보량 원칙'에도 다
음과 같은 문제는 있다. (35)에서 10가지 의미 범주를 세 가지로 분류한
근거는 무엇인가? 또 '自动(자동)'의 대조항은 '手动(수동)' 한 개뿐이지만
관형어일 때 위치가 상당히 뒤쪽에 있는 경우도 많기 때문에, (35)의 순
서는 완전히 대립항의 수량(정보량의 크기)으로만 나열한 것은 아닌가? 만
약 그렇지 않다면 정보량의 크기는 또 어떻게 판단해야 하는가?

학자들마다 제시한 규칙들은 각기 다르지만, 전체적으로 볼 때 그들

의 기본적인 생각은 일치한다. 그들은 모두 강세를 운율과 통사를 연결하는 중요한 요소로 보고, 강세 규칙이 중국어 운율과 통사의 관계를 밝히는 기초가 된다고 생각한다. 그러나 정보량 원칙의 제시는 또한 중국어 운율문법, 특히 규칙적인 율격 관례의 설명이 이미 단순한 통사 구조를 넘어서 의미와 정보 구조의 차원으로 진입했음을 의미한다. 이에 周韧(2016)은 자신의 '강세 이론'을 포기하게 된다.(이 책 2장 4.2절 참조)

제3절 통사 의미 결정론

일부 학자들은 언어는 통사, 운율, 의미, 화용 등 여러 요인이 상호작용한 결과이지만 중국어에 나타난 율격 관례는 결국 문법 기능상에 있어 1, 2음절의 분화에 기인한 것이라고 보았다. 따라서 王洪君(2001), 王灿龙(2002), 张国宪(2004, 2005) 등의 학자들은 1음절과 2음절의 형용사, 동사, 명사의 기능과 인지 의미의 차이라는 관점에서 율격 관례의 형성 원인을 찾으려는 경향이 강했다. '纸张粉碎机'와 같은 복합어의 어순 문제에 대해서도 王洪君(2001, 2008), 顾阳·沈阳(2001), 何元建(2004, 2013), 何元建·王玲玲(2005), 陈玉洁(2006) 등 많은 학자들은 운율 이론을 빌리지 않고 해석하였다. 본 책에서는 이러한 해석들을 모두 통사 의미 결정론으로 보고, 관련 문제를 몇 개의 절로 나누어 각각 소개하고자 한다.

3.1 품사 특징과 율격 관례

술목 구조 및 형용사-명사로 된 관형어-중심어 구조에서 [2+1] 형식이 나쁜 구조인데 반해, 명사-명사로 된 관형어-중심어 구조에서는 오히려 [1+2] 형식이 나쁜 구조이다. 이 문제와 관련하여 王洪君(2001)은 역사의 발전 및 품사 기능의 관점에서 이의 관찰과 해석이 가능하다고 보았다.

첫째, 2음절화 과정에서 명사, 형용사, 동사의 발전 속도에 차이가 있고, 현대중국어 상용어에서 동사와 형용사는 1음절이 많지만 명사는 2음절이 많기 때문에 거시적으로는 술목 구조와 형용사-명사로 된 관형어-중심어 구조에서 필연적으로 [1+2] 형식이 많다는 것이다. 이러한 관점은 呂叔湘(1963)과도 일치한다.

둘째, 통사 의미에 있어 동사, 명사, 형용사의 1음절과 2음절의 분업의 차이가 여러 가지 율격 관례의 보다 본질적인 원인이 된다. 2음절화 과정에서 기본적으로 의미가 같은 1음절과 2음절의 대응어(사실은 탄성이 있어 길이가 다른 단어)가 다량으로 생겨났는데, 이러한 1, 2음절 대응어의 문법 기능도 역시 다음과 같이 점점 변화와 분업이 발생하게 된다.

1음절 동사는 강한 동태성을 유지하고, 뒤에 명사를 붙여 '租汽车(차를 렌트하다)'처럼 술목 구조를 구성한다는 것이 유추 가능한 일반적인 원칙이다.

2음절 동사는 동태성이 약해 동사와 명사 두 가지 성질을 모두 가지고 비교적 자유롭게 관형어가 될 수 있기 때문에, 2음절 동사에 명사를 붙이면 '出租车(택시)'처럼 주로 관형어-중심어 구조와 관계를 맺게 된다.

1음절 형용사는 단순히 성질을 나타내고, 뒤에 명사를 붙여 '软头发(부드러운 머리)'처럼 관형어-중심어 구조를 만든다는 것이 유추 가능한 일반적인 원칙이다.

2음절 형용사는 '성질-사동'의 두 가지 성질을 모두 가지고 있으므로, 이의 적법성 여부는 뒤에 있는 명사가 사동의 대상이 되는지를 보아야 한다. 명사가 만약 사동의 대상이 되면 '*柔软发'처럼 전체 구조는 부적합한 것이 되고, 사동의 대상이 아니면 '柔软剂(유연제)'처럼 전체 구조는 적합한 것이 된다.

1음절 명사는 독립성이 낮고 의존 형태소인 것들이 많기 때문에 1음절 명사가 뒤에 있으면, 그 구조는 주로 단어가 된다.

반면, 2음절 명사는 자유롭게 단독으로 말할 수 있는 성질을 계승하였기 때문에 2음절 명사가 뒤에 있으면, 그 구조 가운데 다수는 단어가 되지 않고 구가 된다.

王洪君(2001)은 1음절과 2음절의 동사, 형용사, 명사의 문법 기능의 발전, 변화, 분업은 이들로 구성된 [2+2] 형식, [2+1] 형식, [1+2] 형식, [1+1] 형식 등 다양한 율격 모델의 문법 기능상의 분업을 초래하였다고 보았다. 이러한 1, 2음절의 문법 분업이 바로 [2+1] 형식의 술목(*种植蒜) 구조와 [2+1] 형식의 형용사-명사로 된 관형어-중심어 구조(*柔软发)가 부적합한 주요 원인이 된다. 그런데 [1+2] 형식의 명사-명사 조합(*表工厂)이 왜 나쁜지에 대해서는 王洪君 자신도 설명이 불충분하다고 생각하였다.

사실 [1+2] 형식의 명사-명사 조합 외에, 위의 글은 [2+1] 형식의 형용사-명사 수식 구조에 대한 설명에도 문제가 있다. 만약 1음절 형용사는 용법이 단순하지만 2음절 형용사는 사동 용법이 있어 쉽게 중의를 가지기 때문에 [1+2] 형식의 형용사-명사 수식 구조가 더 자주 보이는 것이라면, 2음절 동사도 다수가 목적어를 가질 수 있기 때문에 역시 중의를 가지기 쉽다. 하지만 사실상 2음절 동사+명사로 이루어진 관형어

-중심어 구조는 '出租车(렌트카/택시)', '养殖虾(양식 새우)'처럼 아주 흔히 볼수 있다. 또한 沈家煊은 '热饭(밥을 데우다)'처럼 많은 1음절 형용사들도 사동 용법을 가진다고 지적하였다(개인적 교류). 구어에서 우리는 '这种洗发液软头发的(이 샴푸는 머리카락을 부드럽게 한다.)'라고 할 수는 있지만, '柔软头发的'라고 하지는 않는다.

张国宪(2004, 2005)은 홀짝 결합[7])의 자유에 대한 제약은 의미와 통사 제약의 결과라고 지적하였다. 구체적인 분석 방법에 있어서 그와 王洪君(2001)의 생각은 상당히 유사한데, 1음절과 2음절의 동사, 명사, 형용사의 문법과 의미 특징에서 출발하여 명사, 형용사, 동사 1음절과 2음절 결합의 여러 가지 가능성에 대해 전면적으로 정리, 설명하였다. 예를 들어, 이 책 2장 1절에서 언급한 것처럼 어떤 조합은 성분의 의미가 동일하지만, [1+2] 형식과 [2+1] 형식을 구성한 후에는 의미와 구조가 완전히 달라진다. 다음은 张国宪이 제시한 예이다.

(36) 复印卡(복사 카드) (관형어-중심어)
印卡片(카드를 인쇄하다) (술목)
复印卡片(복사 카드/카드를 인쇄하다) (관형어-중심어/술목)
(37) 测量仪(측량 기계) (관형어-중심어)
测仪器(기계를 측량하다) (술목)
测量仪器(측량 기계/기계를 측량하다) (관형어-중심어/술목)

위의 현상에 대해 张国宪(2004, 2005)은, 1음절 동사는 동작성이 강해 동사 원형이 관형어가 될 수 없기 때문에 [1+2] 형식의 VN식 관형어-중

---

7) 저자주: 즉, 1음절과 2음절의 결합을 말한다.

심어 구조를 만들 수 없다고 설명하였다. 반면, 2음절 동사는 동작성이 약하고, 명사의 통사적 기능도 일부 가지고 있어서 일종의 동사/명사 이중 기능어가 되며, 동시에 1음절 명사는 의존성이 비교적 강하기 때문에 [2+1] 형식의 관형어-중심어 관계를 구성할 수 있다는 것이다. 1음절 동사의 강한 동작성은 또 주어로서의 능력에도 영향을 미치기 때문에, '동사+형용사'로 이루어진 주술 조합도 역시 '说话慢(말하는 것이 느리다)-*说缓慢'와 같이 [2+1] 형식만 존재할 뿐 [1+2] 형식은 존재하지 않는다. 이러한 분석은 王洪君(2001)과도 기본적으로 일치한다.

또한, 술목 구조의 1음절과 2음절의 조합은 [1+2] 형식이 일반적인 유형이다. 하지만, '동사+형용사'로 된 술목 구조의 경우는 대부분 [1+1] 형식은 성립할 수 있지만, 그에 상응하는 [1+2] 형식은 성립하지 않는다. 예는 다음과 같다.

(38) 怕冷(추위를 타다) - *怕寒冷
    嫌脏(더러운 것을 싫어하다) - *嫌肮脏

이러한 현상에 대하여, 张国宪(2005)은 형용사 자체의 통사 의미 특징의 관점에서 설명을 하였다. 그는 1음절 형용사는 대부분 사물의 성질과 상태를 나타내기 때문에 사물과의 사이에 심리적인 유도성 관계를 만들수가 있다고 보았다. 그런데 2음절 형용사는 주로 일시적인 상태를 많이 나타내므로 사물과 연결되는 다리를 만들기가 어렵다. 이로 인해 2음절 형용사는 목적어가 되는데 제약을 받으므로, [1+2] 형식의 '동사+형용사' 술목 구조는 성립하지 않는다.

张国宪(2005)은 또 沈家煊(1999a)의 기초 위에 형용사, 명사, 문장성분,

음절 사이의 관련 표지 모델을 제시했다.

(39)　　　　　무표적 조합　　　　무표적 조합
　　음절　　　　1음절　　　　　　2음절
　　명사　　　　종류명　　　　　　개체명
　　형용사　　　성질　　　　　　　상태
　　시간성　　　항구적　　　　　　임시적
　　문장성분　　관형어　　　　　　술어

　그는 이 표지 모델이 형용사와 명사의 조합에서, 1음절의 성질 형용사가 관형어가 되어 1음절의 종류를 나타내는 명사를 수식하는 것은 무표적임을 나타내고, 2음절 상태형용사가 술어가 되어 2음절의 개체를 나타내는 명사를 서술하는 것도 역시 무표적임을 나타낸다고 보았다. 그 외의 조합 방식은 정도의 차이는 있지만 모두 유표성을 나타낸다고 하였다. 张国宪(2005)은 이를 바탕으로 형용사와 명사의 각종 조합의 가능성에 대해 분석과 설명을 진행하였다.

　张国宪(2005)의 고찰은 통사 구조가 아닌 품사 조합의 관점에서 출발하였기 때문에, 우리가 평소에 별로 관심을 기울이지 않았던 현상들도 관찰하게 되었다. 예를 들어, 술목 구조에 대해 과거에 가장 많이 논의된 것은 VN식 술목 구조인데, 张国宪은 VA식 술목 구조는 VN식 술목 구조와 음절 조합의 일반적인 규칙이 서로 다름을 발견하였다. 그의 이러한 관찰의 각도는 각종 통사 구조의 1, 2음절 조합에 대한 전반적인 분석에서 예외로 보이는 현상들을 설명하는 데 도움이 되었다. 그러나 그는 주술 구조의 1음절과 2음절 조합의 다양성에 대해서는 충분한 주의를 기울이지 못했다. 사실 '鬼画符(귀신이 부호를 그리다(조잡한 서법)), 驴打滚

(나귀가 구르다(이자가 복리로 붙다)), 人老实(사람이 성실하다), 肉新鮮(육류가 신선하다)' 등의 예처럼 [1+2] 형식의 주술 구조도 적지 않거나 오히려 더 많다. 또 '逃可耻(도피는 부끄럽다), 哭没用(울어도 소용없다), 走太慢(가는 것이 너무 느리다)'과 같이 1음절 동사가 주어가 되는 [1+2] 형식도 존재한다.

王洪君(2001)과 张国宪(2004, 2005) 두 연구는 각각 통시적인 관점과 공시적인 관점에 착안하고 있지만, 율격 관례를 분석하는 생각에는 공통점이 있다. 그것은 모두 품사의 문법적인 특징에서 출발하였다는 것이다. 예를 들면, 그들은 모두 1음절 동사는 동사성이 강하고 명사성이 약하며, 관형어나 주어, 목적어가 되는데 자유롭지 않은 반면, 2음절 동사는 동사성이 약해서 비교적 자유롭게 관형어가 되기 때문에, 관형어-중심어 구조 가운데 '*租房间'은 나쁘고, '出租房'은 좋다고 보았다. 그러나 이는 사실과 다르다. '跑健康(달리기는 건강에 좋다), 跳不好(뛰는 것은 좋지 않다), 喜欢玩(노는 것을 좋아하다), 讨论吃(먹는 것을 토론하다) 등의 예에서 보듯이 중국어에서 1음절 동사가 주어, 목적어가 되는 것은 매우 흔한 현상이며, 躺椅(침대식 의자), 睡床(침상), 包包控(가방 매니아), 出国游(해외여행)'처럼 관형어나 관형어의 중심어가 되는 경우도 적지 않다. 沈家煊(2012a, 2013, 2016)은 중국어에서 명사와 동사는 포함 관계이며, 동사와 명사의 구분은 부차적인 것이고, 1음절과 2음절의 구분이 보다 더 중요하다고 보았다. 따라서 동사와 명사의 차이에 착안하는 것은 상술한 이른 바 1음절 동사의 예외에 대해서 설명하기가 어렵다.

3.2 1음절과 2음절의 인지 의미 차이와 율격 관례

王洪君과 张国宪 두 학자와 비교하면 王灿龙(2002)의 생각은 다소 다르다. 그는 품사가 같으면서 길이가 다른 두 단어의 문법적 분업이 1, 2음절의 조합에 미치는 영향과 呂叔湘(1963)이 지적한 동목 구조와 관형어-중심어 구조의 '율격 관례'가 왜 존재하는지에 중점을 두지 않았다. 그는 기본적인 인지 의미 각도에서 술목 구조와 관형어-중심어 구조의 1, 2음절 조합 문제를 설명하였다. 또한 그는 명사와 동사는 모두 1음절 단어가 그 품사의 전형적인 구성원이며, 기본 층위 범주(basic-level category)의 개념을 나타낸다고 보았다. '花(꽃)-花草(화초)', '纸(종이)-纸张(종이의 총칭)'에서 보듯이 1음절 명사가 2음절 명사에 비해 의미가 더욱 직접적이고 구체적이며 명확한 한편, '收(거두다)-收割(수확하다)', '种((씨)뿌리다)-种植(재배하다)'에서 보듯이 1음절 동사도 2음절 동사에 비해 의미가 구체적이고 직접적이라는 것이다. 따라서 같은 길이의 동사와 명사는 인지 의미상 거리가 더 가깝다. 인지적 인접성 원리나 도상성 원칙에 따르면, 사람들은 거리가 비슷한 두 성분 또는 어떤 부분의 특성이 같거나 유사한 두 개의 성분을 하나의 단위로 간주하려는 경향이 있다. 그래서 [1+1] 형식 또는 [2+2] 형식은 무표적 형식이고, [1+2] 형식이나 [2+1] 형식은 유표적 형식이 된다. 무표적 형식은 항상 우선적으로 채택되는 형식이기 때문에 [1+2] 형식이나 [2+1] 형식의 조합에서 2음절을 1음절로 분리할 수 있다면, 이 구조는 일반적으로 [1+1] 형식으로 분해된다.

하지만 동목 구조의 경우 2음절이 분해될 수 있는지를 알기 위해서는 분해 후에 1음절이 자유형태소인지 여부도 따져보아야 한다. 예를 들어, '?种花草'에서 두 형태소 '花'과 '草(풀)'는 각각 단독으로 단어가 될 수 있기 때문에, 이러한 [1+2] 형식의 구조는 흔히 [1+1] 형식의 '种花(꽃을 심다)', '种草(풀을 심다)'로 분해된다. 또 '?查账目'가 '查账(회계감사를 하다. 장

부를 검사하다)'으로, '*还债务'가 '还债(빚을 갚다)'로 분해되는 것에서 보듯이, 2음절 명사에서 하나의 형태소만 단독으로 단어가 될 수 있을 때도 [1+2] 형식은 역시 주로 [1+1] 형식으로 분해된다. 그런데 명사의 두 형태소가 모두 단독으로 단어가 될 수 없는 경우에는, [1+2] 형식의 동목 구조가 확고한 언어적 기반을 갖게 되고 전체 구조식도 역시 비교적 강한 안정성을 가진다. 예를 들어, '木料(목재)'에서 두 형태소는 모두 단어가 되지 않으므로, '*运木'와 '*运料'는 모두 성립하지 않는다. 따라서 '运木料(목재를 운반하다)'가 안정적인 형식이 된 것이다. 그래서 王灿龙은 1음절 동사가 주로 2음절 명사의 자립 형태소를 활성화시켜 이 자립 형태소와 함께 [1+1] 형식의 구조를 형성함으로써 결과적으로 [1+2] 형식으로 된 구조의 해체를 초래한다고 지적하였다. 비교적 강한 안정성을 가진 [1+2] 형식의 구조에서 명사의 형태소는 일반적으로 모두 의존 형태소나 접사이다.

[2+1] 형식의 동목 구조는 '观察猫(고양이를 관찰하다)'-'*观猫', '糟蹋钱(돈을 낭비하다)'-'*糟钱'과 같이 오직 앞의 2음절 동사가 의존 형태소로 구성되어 동사를 분해할 수 없을 경우에 한해서, [2+1] 형식은 안정적인 구조가 된다. 이러한 해석에 따르면, '种植蒜'이 성립되지 않는 이유는 '种植'가 '种'과 '植'로 분해될 수 있고, 그 중에서 '种'은 자립 형태소이므로 [1+1] 형식인 '种蒜(마늘을 심다)'이 보다 더 안정적인 형태가 되기 때문이다.

술목 조합에 대한 王灿龙의 해석에 대해 필자는 세 가지 주목할 만한 점이 있다고 생각한다.

첫째, 그는 글에서 음절 수가 동일하면 동사와 명사는 모두 인지적으로 더 가까운 거리를 가진다고 주장했는데, 이는 사실상 동사와 명사의 차이를 희석시키고 1음절과 2음절의 차이를 부각시키는 것이다. 바로 이러한 관점에서 그는 일부 [1+2] 형식의 술목 조합이 오히려 성립되지 않는 현상(*挖土地', '*还债务')에 대해 관찰하였다. 이는 앞에서 살펴본 강세와 품사 특성을 근거로 한 연구에서는 모두 다루지 않았던 언어 사실이다.

둘째, 이 글은 또 형태소의 자립성과 의존성이 술목 구조의 [1+2] 형식 또는 [2+1] 형식에 미치는 영향에 주목하였다. 이 점에 대해서는 柯航(2007)에서도 논의된 바 있는데, 술목 구조가 구조 내부 구성 성분의 형태소가 단어가 되어야 한다고 요구하는 이유는, 술목 구조 자체가 하나의 느슨한 구조라는 것과 밀접한 관련이 있다. 이에 비해 3음절의 관형어-중심어 구조는 구성 성분의 자립 형태소 여부에 대한 요구가 상당히 낮은데, 이는 관형어-중심어 구조가 술목 구조에 비해 더 긴밀한 구조이기 때문이다. (이에 관한 자세한 내용은 柯航 2007 참조)

셋째, 그는 중국어의 한 음절은 보통 하나의 한자, 하나의 형태소로 구성된다고 지적하였다. 이는 중국어의 중요한 특징으로 중국어 운율문법의 특징에 직접적으로 관계되는 것이지만, 이 글에서는 간단한 언급만 있을 뿐이다. 하지만 이에 대해 王洪君(2008), 沈家煊(2017)에서는 모두 비교적 상세한 논의를 진행하고 있는데, 구체적인 내용은 이 책 3장 4절과 4장의 관련 소개를 참조할 수 있다.

그러나 이러한 연구 관점에 대해서도 역시 이견을 제기한 학자들이 있다. 王洪君(2008: 298)은 어떤 단어가 기본 인지 범주에 들어가는지 확정하기가 상당히 어렵다고 보았으며, 기본 인지 범주도 1, 2음절과 강제적인 관련성이 있는 것은 아니라고 하였다. 특히 '眼睛(눈)'과 '眼(눈)', '桃子

(복숭아)'와 '桃(복숭아)' 등의 명사는 어느 것이 기본 인지 범주에 속하는 지 판정하기가 어렵다는 것이다. 그 밖에, 그녀는 중국어에서 무표적 술목 구조는 [1+1] 형식이나 [2+2] 형식이 아닌 [1+2] 형식이라고 보았다. [1+1] 형식의 술목 구조는 고착화되어 하나의 단어('种树', '吃饭')가 되는 경향이 있고, [2+2] 형식의 술목 구조는 명물화의 경향이 있거나 아예 명사('出租汽车(택시)', '学习文件(학습 문건)')로 이해할 수도 있기 때문에 [1+2] 형식의 술목 구조만이 명사화 가능성이 거의 없는 전형적인 술목 구조 라고 생각하였다.

NN식의 관형어-중심어 구조에서 관형어의 음절 수 선택에 대한 王灿 龙의 논의는 비교적 간략하다. 그는 NN식 관형어-중심어 구조는 명명 성(命名性)을 가지므로 관형어는 1음절과 2음절 모두 하나의 기본적인 의 미 조건을 충족해야 한다고 보았는데, 그것은 이 조건을 근거로 중심어 인 명사가 나타내는 사물에 대해 분류를 할 수 있어야 한다는 것이다. 또 성립하지 않는 일부 조합도 사실은 이러한 기본적인 의미 조건을 충 족하지 못한 데서 기인한 것이라고 하였다. 예를 들어, 우리는 '药(약)'를 사용하여 상품을 분류할 수는 없기 때문에 '药商品'이라고 말할 수 없다.

상술한 분석의 관점은 합리적인 점도 있지만 각각 동떨어진 특징도 있다. 그래서 '율격 관례'에 반하는 구체적인 용례들이 성립되지 않는 이유에 대해서는 비교적 효과적으로 분석하고 있지만, 술목 구조와 관형 어-중심어 구조의 '율격 관례'에 대해서는 해석이 불충분하다.

王灿龙은 "통사 조합을 최종 결정하는 요인은 인지 의미이며, 일부 통 사 단위의 조합은 음절의 제약을 받는 것처럼 보이지만 실제로는 인지 의미와 밀접한 관계가 있다. 음절의 제약은 표면적인 현상일 뿐이며, 이러한 통사 단위에 대하여 우리는 음절의 측면에서 고찰하고 묘사할 수는 있지만 해석까지 음절의 관점에서 진행하는 것은 문제의 본질을 파악하기가 어렵다"고 지적했다. 이러한 관점은 매우 순수한 통사 의미의 견해를 대표한다고 할 수 있다.

3.3 '纸张粉碎机' 생성 문제의 통사 기능 해석

'纸张粉碎机'와 같은 복합어는 흔히 술목식 복합어 또는 술목 구조가 명사를 수식하는 복합어라고 불리는데, 그 이유는 중심어 앞에 있는 명사성 성분이 의미상 동사성 성분의 수동자로 분석되기 때문이다. 应学凤 (2015)은 VO의 음절 수와 어순을 종합하여 술목식 합성 복합어를 10개 유형으로 분류하였는데, 그 중에서 비교적 흔히 볼 수 있는 것은 다음 4가지 유형8)이다.

(40) a. [1+1] 형식의 VON: 采煤厂(석탄 채굴 공장), 碎纸机(문서 절단기), 修车工(자동차 수리공), 审稿专家(논문 심사 전문가)

b. [2+2] 형식의 OVN: 煤炭开采厂(석탄 채굴 공장), 纸张粉碎机(문서 절단기), 汽车修理工(자동차 수리공)

c. [2+2] 형식의 VON: 征求意见稿(의견수렴안), 制造谣言者(유언비어 제조자), 救济难民问题(난민 구제 문제)

d. [1+2] 형식의 VON: 抽油烟机(환풍기/레인지후드), 降血压药(혈압강하제), 取行李处(수하물 찾는 곳), 削铅笔刀(연필깎이 칼)

---

8) 저자주: 应学凤(2015)은 목적어를 다음절 목적어와 2음절 목적어로 나누었다. 필자는 이러한 복합어의 가장 큰 차이는 1음절과 2음절의 차이에 나타난다고 생각하기 때문에 다음절 목적어를 따로 분리하지 않고 2음절 목적어로 분류하였다.

이러한 4가지 유형 가운데 가장 흔히 보이는 것은 a와 b이다. c유형은 숫자도 a, b만큼 많지 않고, 일반적으로 이에 상응하는 b유형이 존재한다. 예를 들어, '制造谣言者'와 '谣言制造者', '救济难民问题'와 '难民救济问题'가 모두 존재한다. 따라서 b유형은 2음절 술목 복합어의 보편적이고 무표적인 형식이라 할 수 있다. d유형 역시 a, b유형만큼 많지 않고, 이에 대한 논의도 역시 비교적 적다.

많은 학자들은 술목식 복합어의 심층구조를 [[VO]N]이라고 보았는데, 이는 의미상 이러한 복합어들이 동일한 의미의 구 형식인 'VO的N'('粉碎纸张的机器', '切菜的刀')으로 바꿀 수 있기 때문이다. 그런데 중국어의 기본 어순은 또 SVO이기 때문에 상술한 4가지 유형 중에서 [2+2] 형식인 OVN형을 일반적으로 일종의 특수하고 중점적으로 설명을 하는 언어 형식이라고 생각하였다. 일부 학자들은 음절 수와 복합어의 어순이 관련이 있다는 점을 주목하였기에 운율의 관점에서 [2+2] 형식의 OVN형이 만들어진 원인을 모색하였다. 또한 통사나 기능의 관점에서 그 원인을 찾으려는 학자들도 적지 않았다.

顾阳·沈阳(2001)은 언어에서 생산성이 높은 합성 복합어의 형태론과 통사론이 동일한 논항 구조를 가진다고 주장하였다. 중국어에서 만약 동사(V)와 내부 논항[9](O)이 모두 2음절이나 다음절일 때 복합어 안의 논항 순서는 구와 다르다. 이들 복합어는 형태론과 통사론의 경계면에서 생성되는데, '汽车修理工(자동차 수리공)'이 그 예이다. 이의 원시 논항 구조는

---

9) 역자주: 내재 논항(internal argument)이라고도 하며, 술어부에 속하는 논항으로 동작주(agent) 외의 대상(theme) 등을 말한다. 반면, '외부(외재) 논항(external argument)'은 일반적으로 주격으로 나타나는 동작주가 된다.

[工[修理汽车]]로, 먼저 동사 '修理'가 N으로 상승하여 [[修理工]汽车]가 된 다음, 명사 '汽车'가 다시 V로 상승하여 [[汽车修理]工]을 형성한다. 이러 한 해결방안에 대해 何元建(2004)과 王洪君(2008)은 모두 이견을 나타냈다. 王洪君(2008: 301)은 두 차례의 이동이 지나치게 복잡하고, 이동을 유발시 키는 원인이 형태론과 통사론의 차이라면 '教师休息室(교사 휴게실)'처럼 이동하지 않는 복합어에 대해서는 설명이 불가능하다고 하였다.

何元建(2004), 何元建·王玲玲(2005)에서는 언어에는 '형태론의 논항 순 서는 통사론의 논항 순서와 반대'되는 규칙이 있다고 생각하였다. 중국 어의 진정한 복합어는 생성될 때 '중심 형태소 우향 원칙(中心语素右向原 则)'을 준수한다고 보았다. 즉, 형태 구조는 왼쪽으로 분지(중심 형태소는 오 른쪽 방향)하고, 통사 구조는 오른쪽으로 분지(중심 형태소는 왼쪽 방향)한다는 것이다. 따라서 그는 OVN형 복합어는 내심형 합성어(向心型合成词)[10] 조 어법의 기본 원칙, 즉 중심 형태소 우향 원칙에 완전히 부합되어 순수하 게 조어법 규칙을 사용하여 생성된 단어라고 주장하였다. '纸张粉碎机'를 예로 들면, '粉碎'가 동사이므로 '纸张粉碎'도 역시 동사가 된다. 또 '机' 가 명사이므로 '纸张粉碎机'도 역시 명사가 되고, 그 구조는 [N[v纸张粉碎] 机]이다. VON형 복합어는 다시 두 가지로 나뉜다. [1+1] 형식의 VON식 복합어는 VO가 먼저 결합하여 어근이 되고, 이를 다시 복합어에 사용한 것이다. [2+2] 형식의 VON형 복합어는 '통사 구조가 단어에 들어간' 경

10) 역자주: 내심구조로 된 합성어로 영어로는 endocentric compound라고 하며, 반대는 외심 형 합성어(离心型合成词, exocentric dompiund)이다. 내심구조는 보통 두 개의 직접구성성 분 중에서 한쪽의 수식하지 않는 직접구성성분과 동일한 문법적 기능을 갖는 복합어나 통사구조를 일컫는 용어이다. 예를 들면, blackbird와 my little Mary는 각각 bird, Mary와 통사상 그 기능이 같으므로 내심구조이다. 출처: 이정민·배영남·김용석, 『언어학사전』 3판 [개정증보판], 284쪽, 박영사, 2000.

우로, 순수한 단어의 구조가 아니라 가짜 복합어에 속한다. 이러한 분석은 상대적으로 간단하지만, 周韌(2006)은 단어 구조와 문장 구조의 '역방향 분지' 규칙이 다른 언어에 있는 동목 구조가 명사를 수식하는 복합어는 설명할 수가 없기 때문에, 이 규칙이 중국어만을 위해 특별히 설정되었을 것이라고 주장하였다. 王洪君(2008) 역시 이와 유사한 견해를 나타내고 있다.

상술한 형식문법의 관점과 달리, 陈玉洁(2006)은 연결항 중간 원칙(联系项居中原则)과 핵심 인접 원칙(核心靠拢原则)이 OVN 구조를 형성하는 원인이라고 보았다. '연결항 중간 원칙'에 대해 그녀는 Dik(1983)의 견해를 인용하여 전치사, 명사 접미사, 종속절 표지가 문장이나 구 층위의 연결항이라고 지적하고, 연결항의 위치는 다음 두 가지 원칙을 따른다고 하였다.

> 1) 연결항은 항상 연결되는 성분의 바깥에 위치한다. 다시 말해, 연결항은 항상 연결되는 성분 중 하나와 함께 한 구조 중의 두 직접 성분이 되며, 일반적으로 연결되는 성분의 내부로는 들어가지 않는다.
> 2) 연결항은 항상 연결되는 두 성분의 사이에 위치한다.

'핵심 인접 원칙'은 한 구조에서 상위 핵심과 하위 핵심이 가능한 한 가까워야 한다는 것이다. 'VO的N' 구조에서 '的'가 연결항이 되지만, '的'가 나타나지 않을 경우에는 다른 연결항을 찾을 필요가 있다. 이때 V가 연결항을 담당하는 성분이 되어 O와 N의 사이에 위치한다. 동사가 왜 '的'를 대체하여 연결항이 되는지에 대해서 陈玉洁(2006)에서는 몇 가지 방증을 제시하고 있다. 예를 들어, '姓张的女孩(성이 장씨인 여자아이)'는 '张姓女孩(장씨 성의 여자아이)'로 말할 수 있고, '私放罪犯的司法工作人员(범죄자를 불법 석방한 사법 실무자'은 법률 언어에서 '司法工作人员私放罪犯的(범죄자를 불법 석방한 사법 실무자)'라고 말할 수 있는데, 그녀는 이것이 모두 동사가 연결항이 되는 용례라고 보았다. 하지만 그녀는 또 언어에서 연결항을 담당하는 성분은 모두 품사 특징이 뚜렷하지 않은 성분, 즉 한 품사의 비전형적인 성분이기 때문에 대부분의 1음절 동사와 다수의 2음절 동사는 동작성이 강한 전형적인 동사이므로 연결항이 될 수 없다고 지적하였다. '纸张粉碎机'는 성립하지만 '*纸碎机'는 불가능한 이유는, 2음절 동사 '粉碎'가 1음절 동사 '碎'에 비해 상대적으로 동작성이 약하므로 '粉碎'는 연결항이 되어 중간에 위치할 수 있지만, '碎'는 불가능하기 때문이라는 것이다. 이와 동시에, OVN형 복합어의 N은 전체 복합어의 핵심인 상위 핵심이 되고, V는 하위 핵심이 되어 OVN 구조는 또 핵심 인접 원칙도 만족시킨다. 그런데 왜 [1+1] 형식의 VON('碎纸机') 구조도 역시 대량으로 존재하는 것일까? 陈玉洁(2006)의 설명은 1음절 동사는 동작성이 지나치게 강해서 연결항이 될 수 없고, 연결항 중간 원칙은 또 중국어에서 강제적인 원칙(반드시 준수해야 하는 원칙)이 아니기 때문이라는 것이다. 또 동시에 O가 1음절일 때 V와 N의 사이에는 하나의 음절 간격만 띄어 있어 거리가 멀지 않기 때문에 핵심 인접 원칙의 위배 정도가 심하지 않아서 [1+1] 형식의 VON 구조도 역시 성립이 가능하다고 설명하였다.

周韌(2006)에서 채택한 것은 생성문법과 기능문법의 설명을 결합한 관점이다. 그는 Chomsky(1986, 1995)의 견해에 따라, 복합어는 구를 포함할 수 없으며, 동사구 VP가 형태론 단계에 들어가면 모두 '탈동사화(去动词化)' 과정을 거친다고 보았다. 이는 중국어도 마찬가지다. 따라서 동사와 목적어가 도치된 구조('汽车修理(자동차 수리)', '水土保持(수토 유지. 토양의 수원

보지 능력을 제고하고 수분과 토사의 유실을 막는 조치)' 등)는 동사성이 약해지고
명사성이 강해졌는데, 이는 사실상 '탈동사화'의 작업을 거친 것이다. 동
시에 陳玉洁(2006)와 마찬가지로, 周韌(2006)도 OVN형 복합어의 생성 원인
을 기능적으로 보면 '핵심 인접 원칙'이 구체적으로 나타난 것이라고 생
각하였다.

周韌(2006)은 20종에 이르는 언어에 대한 조사를 통해, 다음과 같은 아
주 흥미로운 사실 하나를 발견하였다. 만약 음절의 길이 요인을 고려하
지 않는다면 OVN형과 NVO형이 가장 흔한 복합어의 두 가지 유형이다.
그 가운데 일본어나 한국어와 같이 SOV 어순의 언어는 모두 OVN 어순
을 사용한다. SVO 어순이면서 동목 구조의 명사 수식 형태로 된 복합어
가 있는 언어 중에는 영어나 독일어처럼 OVN 어순도 있고, 베트남어나
태국어처럼 NVO 어순도 있다. 예는 다음과 같다. (아래 예는 周韌 2006에서 인용)

(41) OVN 어순

    영어: vegetable   cutting   knife

        채소   자르다   칼 (야채 자르는 칼)

   독일어: Strassen   bau   Plan

        거리   건설하다   계획 (도로 건설 계획)

   일본어: kaoku   sekkei   zu

        집   설계하다   그림 (가옥 설계도)

  한국어: dokyak   saengsan   gongjang[11]

        독약   생산하다   공장 (독약 생산 공장)

---

11) 역자주: 원서에서는 이 구조의 발음을 doksum sheasan gongjang으로 표기하고, 그 의미를
   '毒品生产厂'으로 적고 있다. 하지만 이러한 발음 표기에 해당되는 한국어 구조는 성립하
   지 않으므로, 원문의 의미에 맞는 구조인 '독약 생산 공장'의 로마자 발음 표기로 수정
   하였음을 밝힌다.

NVO 어순

베트남어: vuon   trong   nho
　　　　과수원   심다   포도   (포도 과수원)
태국어: pasa   todsob   soonfrang
　　　　센터   측정하다 언어   (언어 측정 센터)

오히려 사람들이 정상적인 어순이라고 생각하는 VON형 복합어는 다른 언어에서는 보이지 않고 중국어에만 있는 형식이다. 따라서 이 글은 왜 중국어에 VON형 복합어가 존재하는지에 대해 설명하고 있다.

周韧은 중국어에 대량으로 존재하는 [1+1] 형식의 VON형 복합어는 운율 조어법을 통해 만들어진 것이라고 보았다. 2음절 VO('碎纸')는 일반적으로 운율의 틀을 통해 통사상 임시로 형성된 단어로, '어휘 완전성 가설'(Lexical Integrity Hypothesis)12)의 작용을 받는다. 따라서, '탈동사화', '핵심 인접 원칙'과 같은 통사 규칙이 '碎纸'의 내부에서는 작용할 수 없으므로 동사 '碎'의 위치 이동이 발생하지 않는다는 것이다.

한편, [1+2] 형식의 VON형 복합어의 존재에 대해, 周韧(2006)은 두 가지 원인에 기인한다고 생각하였다. 하나는, 1음절 동사의 동사성이 지나치게 강해서 '탈동사화'의 과정을 실현하기 어렵다는 것이다. 다른 하나는, 이 1음절 동사를 대체할 수 있는 의미가 같은 2음절 동사를 찾을 수가 없다는 것이다. 그런데 이러한 구조는 '탈동사화' 규칙에 위배되기 때문에 생산성이 낮아 대량 만들어질 수는 없다.

[2+2] 형식의 VON 구조는 상황이 다르다. 何元建(2004), 程工(2005)에 따

---

12) 저자주: 어휘 완전성 가설의 기본 관점은 통사 규칙이 어휘 내부의 어떤 부분에도 영향을 미치거나 적용되지 않는다는 것이다.

르면, [2+2] 형식의 VON('制造谣言者') 구조는 이에 상응하는 [2+2] 형식의 OVN('谣言制造者') 구조와 의미적으로 차이가 있다. 周韧(2006)은 2음절 VON형 복합어는 주로 부정적이고 좋지 않은 의미를 나타내는데 사용되며, 특히 '罪(죄)', '案('안건'의 약어)', '犯((법·규칙 등에) 저촉되다. 범죄자)' 등의 형태소를 포함할 경우에 복합어가 나타내는 것은 한 종류의 현상이 아니라 실제로 발생한 개별 사건임을 강조한다고 보았다. 이러한 복합어는 '탈동사화' 과정을 거치지 않고, 동사구 VP 위에 동작의 실행을 나타내는 기능성 구 성분인 경동사구가 있다. 그러므로 동사는 목적어를 넘어서 오른쪽으로 이동하는 것이 아니라 경동사의 위치까지 왼쪽으로 이동한다는 것이다. 이러한 설명이 합리적인지에 대해서는 앞으로 더 많은 논의가 필요하다. 왜냐하면, [2+2] 형식의 VON 구조가 수량이 적고 특수한 의미를 나타내기는 하지만, '征求意见稿', '招收免试推荐研究生办法(무시험 추천 대학원생 모집 방법)'와 같이 모두 부정적인 의미나 이미 실행된 상황을 나타내는 것은 아니기 때문이다.

위에서 살펴 본 [2+2] 형식의 OVN형 복합어의 형성에 대한 분석들은 관점과 방법에서 차이가 있지만, 그 구조에 대한 분석은 일치한다. 이들은 모두 [2+2] 형식의 OVN형 복합어의 구조 층위는 [[OV]N]이며, 여기서 중심어는 N이 되고, 관형어인 [OV]는 [VO]가 위치 이동을 한 것이라고 보았다. 하지만 위치 이동설에 동의하지 않는 일부 학자들은 [2+2] 형식의 OVN형 복합어의 형성과정이 이른 바 위치 이동 조작을 거치지 않는다고 주장했다.(王洪君 2001, 2008, 张国宪 2005, 柯航 2007, 沈家煊·柯航 2014)

각 품사의 기능적 특징에서 출발하여, 张国宪(2005)은 2음절 동사가 관형어가 되는 것은 동사의 전형적인 기능이 아니므로 여러 가지 제약을 받는다고 주장했다. 그 가운데 하나가 바로 동사가 관형어가 될 때 반드시 수식을 받는 중심어와 인접해야 한다는 것으로, 그렇지 않으면 동사의 통사적 신분이 바뀐다고 보았다. 예를 보자.

(42)　　좌열　　　　　　　　중간열　　　　　　　우열

　　　測量仪器　　　　　測量电子仪器　　　　电子测量仪器

　　(측량기구/기기를 측량하다) (전자기기를 측량하다)　(전자 측량기구)

　　　改良品种　　　　　改良玉米品种　　　　玉米改良品种

　　(개량 품종/품종을 개량하다) (옥수수 품종을 개량하다) (옥수수 품종 개량)

　　　储备基金　　　　　储备教育基金　　　　教育储备基金

　　(예비 기금/기금을 예비하다) (교육기금을 예비하다)　(교육 예비기금)

(42)의 예에서 좌열의 V+N 구조는 술목 구조로 볼 수도 있고, 관형어-중심어 구조로 볼 수도 있는데, 후자가 더욱 흔히 나타난다. 우열은 외부 확장 후에도 동사 관형어가 성립되는 통사 위치는 변함이 없으므로, 동사는 여전히 관형어가 되고, 전체 구조도 관형어-중심어 관계이다. 중간열은 내부 확장을 하면 동사를 중심어에 가까운 위치에서 멀어지게 함으로써 통사적인 위치의 변화가 통사적 신분의 변화를 초래하게 되고, 전체 구조도 역시 동목 관계로 바뀌게 된다. 이 역시 하나의 관점에서 왜 '粉碎纸张机'가 아닌 '纸张粉碎机'가 되는지를 설명하고 있다. 하지만 张国宪의 분석은 '碎纸机'의 문제를 다루지 않았으며, 두 현상에 대한 대조 분석도 진행하지 않았다.

王洪君(2001)은 '碎纸机'를 '纸碎机'라고 하지 않고, '纸张粉碎机'도 '粉碎纸张机'라고 하지 않는 것은 '좌측 강세', '보조성분 강세' 등 강세 제약과는 모두 관계가 없다고 주장하였다. 1음절 명사로 구성된 VN 술목 구조는 비교적 고착화되어 자유롭게 접착식(粘合式) 관형어[13]가 될 수 있고, 또 이로 구성된 2음절 동사성 성분은 동작성이 약해 약한 동작성을 요구하는 관형어의 조건에 부합하기 때문에, '碎纸机'는 좋은 형식이 된다. 하지만 2음절 명사로 구성된 VVNN식이나 VNN식 술목 구조는 고착화된 형식이 아니어서 접착식 관형어가 되기에 부적합하기 때문에 보통 '粉碎纸张机'라고 하지는 않는다. 또한 3글자로 된 복합 운율단어는 오직 [2+1] 형식의 관형어-중심어 구조 하나뿐이다. 관형어는 오직 두 글자의 자리만 있어서 '粉碎纸张'은 너무 길기 때문에 절반만 떼어내어 '机'와 조합함으로써 운율단어를 만든다. 또 관형어 순서에 대한 요구에 따라 중심어에 가장 가까운 관형어는 중심어의 본질적인 특성을 가장 잘 반영하기 때문에, '粉碎'를 떼어내 먼저 '机'와 조합한 다음, 다시 '纸张'을 앞에 놓아 관형어로 만들어 도구나 업무와 관련된 대상을 한층 더 제약하였다. 이러한 설명은 품사의 기능적인 특징과 관형어의 의미를 함께 고려한 것으로, 柯航(2007)의 관점과도 일치한다.

柯航(2007)은 [2+2] 형식 OVN 구조의 형성은 관형어 순서상의 긴밀 거리 도상성 원칙을 따른다고 보았다. 동사가 나타내는 것은 중심어의 더 본질적인 속성으로 중심어와의 관계가 더욱 밀접하기 때문에 중심어에 가깝다는 것이다. '纸张粉碎机'의 구조 층위에 대해서도 王洪君(2001)과 柯航(2007)은 일치된 견해를 보인다. 그들은 '纸张粉碎机'의 구조 층위를 [[纸张粉碎]机]가 아닌 [纸张[粉碎机]]라고 보았는데, 이는 위치 이동설을 신봉하는 학자들과 상반된다. 王洪君(2008: 299)는 또 중국어의 통사

---

13) 역자주: 중국어의 관형어는 명사와의 사이에 '的가 없는 접착식(粘合式)'과 '的가 있는 조합식(组合式)'으로 나눈다.

운율위계는 '운율자-운율단어-운율류 단어-운율구'이며, 운율류 단어('纸张粉碎机'와 같은 '합성 복합어'나 '복합어')는 거의 모두가 2-3개 음절로 된 운율단어의 조합으로 이루어진다고 보충하였다. 대부분의 경우에 운율단어가 먼저 있고, 이것이 합쳐져서 운율류 단어가 되는데, 이는 중국어 단어와 구를 만드는 기본 규칙이다. 구체적으로 '纸张粉碎机'는 먼저 운율단어인 '粉碎机'가 만들어진 다음, 앞에 또 다른 운율단어를 관형어로 붙여서 운율류 단어인 '纸张粉碎机'가 만들어진 것이다.

何元建(2004)은 [2+2] 형식의 OVN 구조를 [N[VP 纸张粉碎] 机]로 분석하고, 이는 반복 순환 조어법의 산물, 즉 VP가 통사론에서 생겨난 후 다시 어휘로 돌아가 1음절의 의존어근과 결합한 것이라고 주장하였다. 그런데 이 견해는 何元建(2013)에서 수정된다. 여기서 그는 현대중국어 동사의 주류는 2음절이며, 이것이 1음절의 의존어근과 결합한 후 다시 더 큰 복합어를 구성한다고 주장하였다. 이전과 비교해볼 때, 통사론의 개입이 불필요하기 때문에 반복 순환 조어법을 통한 단어 구성이 더욱 경제적인 운용 방식이다. 따라서 '纸张粉碎机'의 구조 층위는 [N纸张[N粉碎机]]로 분석되어야 한다.

'纸张粉碎机'의 생성 문제에 대해 沈家煊·柯航(2014)은 또 다른 분석의 견해를 제시하였다. 하나의 단어가 말의 흐름에서 더 큰 단위의 구성 성분이 되면, 인지적으로 더 긴밀한 구조 단위와 개념 단위가 되는데, 이를 '전달의 편의를 위한 단어 포장(词语打包, 便于传递)'이라고 하였다. '포장(打包)'의 방식은 여러 가지가 있는데, 가장 간단한 것은 '빨리 말하기(说得快一点)'이다. 예를 들어, 각 글자마다 한 번씩 휴지를 두어 '金(금), 木(목), 水(수), 火(화), 土(토)'라고 말하던 것을 '金木水火土(금목수화토)'라고 한꺼번

에 말하는 것이다. 그 외, 중국어에서 또 자주 사용되는 포장의 방식은
음절의 수를 압축하는 것이다. 예는 다음과 같다.

> (43) 党的建设(당의 건설) → 党建工作(당건업무)
> 汉语的节奏(중국어의 리듬) → 汉语节奏研究(중국어 리듬 연구)
> 中国对日本(중국 대 일본) → 中日之战(중일전)
> 介绍和评论(소개와 평론) → 评介国外语言学理论(해외 언어학 이론 평
> 론 소개)

포장의 또 다른 방식은 어순과 구조를 바꾸는 것이다. 예를 들면, 느
슨한 술목 구조를 더 긴밀한 관형어-중심어 구조로 바꾸는 것이다. 예는
다음과 같다.

> (44) 粉碎纸张(지류를 분쇄하다) → 纸张粉碎机(문서절단기)
> 培养人才(인재를 배양하다) → 人才培养方案(인재 배양 방안)
> 讲习语言学(언어학을 강의하다) → 语言学讲习暑期班(언어학 강의 하
> 계 캠프)

따라서 복합어 '纸张粉碎机'에서 '纸张粉碎'도 마찬가지로 동목 도치로
보아서는 안 되고, 관형어-중심어 구조로 분석해야 한다.

[2+2] 형식의 OVN 복합어에 대해 일반적인 관점은 관형어인 명사와
동사가 동목 관계라는 것이다. '위치 이동설'의 관점을 가진 학자들은
OV가 동목 도치라는 것을 더욱 강조하기 때문에, 이러한 복합어 역시
주로 동목도치 복합어라고 부른다. 王洪君(2008: 299)은 논항 구조가 동사
와 명사의 의미 관계를 반영하지만, 문장이나 단어에 들어간 후에는 또
통사론적인 문법 관계를 획득한다고 주장하였다. 예를 들어, '体温表(체온

계)'는 의미적으로 보면 '体溫(체온)'이 '表(측정하다)'의 대상인 O이지만, 문법적으로는 '体溫'이 '表'의 목적어가 아닌 관형어가 된다. '동작주/수동자/처소/시간' 등의 논항 신분과 '주어/목적어/수식어/중심어' 등의 문법성분은 같은 층위에 있지 않다. 만약, 서로 다른 언어들 간의 형태론와 통사론을 비교하기 위해서는 물론 OVN 등과 같은 표현 방식을 사용할 수 있지만, 이러한 표현이 구체적인 언어의 형태와 통사에서 성분의 신분과 내부 층위를 설명할 수는 없다. 필자는 이것이 합리적인 견해라고 본다.

그 밖에, '동목 도치 복합어'라고 하는 호칭이 나타내는 것은 사실 동사 중심의 분석관이다. 그런데 중국어는 동사와 명사가 모두 관형어와 중심어가 될 수 있는 기능을 가지고 있기에, 동사와 명사의 차이를 지나치게 강조할 필요가 없다. 이러한 점에서 보면, 이 역시 부적합한 용어이다.

제4절 도상성 원칙을 바탕으로 한 표지 관련 모델(标记关联模式)

4.1 긴밀 도상성(松紧象似)

1) 긴밀 도상성이란 무엇인가?

吳为善(1989)은 [1+2] 형식의 동목 구조는 [2+1] 형식의 관형어-중심어 구조에 비해 느슨함을 발견하였다. 전자는 중간에 '着, 了, 过' 등의 조사를 넣을 수 있지만('修了马路(도로를 보수했다)'), 후자는 중간에 '的'를 넣을 수 없기('长毛兔(긴 털 토끼)'는 '长毛的兔'라고 할 수 없다) 때문이라는 것이다. 따라서, 그는 나아가 '3음절의 동목 구조와 수식 구조의 내부 긴밀도가 다르다면, 이들이 각각 선택한 음절 조합 형식인 [1+2] 형식과 [2+1] 형식 내부의 긴밀도 역시 달라서, 전자는 비교적 느슨하고, 후자는 비교적 긴밀할 것'이라고 지적하였다. 그는 또 제3성 연속변조의 예를 사용하여 [1+2] 형식과 [2+1] 형식의 긴밀도 차이를 증명하였다. 이는 이전 연구와는 확연히 다른 관점이다.

柯航(2007)은 이러한 관점을 바탕으로 각 지역 방언의 문법 변조 현상을 이용하여 통사 구조의 차이에 따라 결합도의 긴밀성 차이가 확실히 존재한다는 것을 증명하였다. 그 가운데 주술 구조의 성분들 간 결합이 가장 느슨하고, 술목 구조가 그 다음을 차지하며 관형어-중심어 구조의 성분 간 결합이 가장 긴밀하다. 柯航은 또 무의미한 숫자들의 조합인 995([2+1] 형식)와 955([1+2] 형식)의 연속변조 모델도 차이가 있음을 발견하였다. 955에서 '9'의 성조는 끝까지 올라가지 않고 반 정도만 올라가게 발음할 수 있는데, 이는 작은 변화이며 성조를 끝까지 올라가게 발음해야 하는 것은 가운데 있는 '5'뿐이다. 반면, 995에서 두 개의 '9'는 모두 성조를 끝까지 올려서 발음해야 하는데, 이는 큰 변화이다. 이는 [1+2] 형식에서 첫 번째 음절과 뒤의 두 음절 사이의 관계가 느슨하지만, [2+1] 형식에서 마지막 1음절과 앞의 2음절의 관계는 긴밀하다는 것을 의미한다. 이를 통해 [1+2] 형식의 음절 조합은 느슨하고, [2+1] 형식의 음절 조합은 긴밀한데, 이는 음절 조합 자체의 독립적인 특성으로 통사 의미의 영향을 받지 않는다는 것을 알 수 있다.

陆丙甫·曹琳琳(2017)은 사람들이 단어를 기억할 때 하나의 욕조 효과(Bath-tub Effect)가 존재한다고 지적하였다. 이는 단어의 처음과 끝, 특히 처음 부분이 중간 부분보다 더 쉽게 기억된다는 것으로, 양 끝 부분이 인지적으로 더 뚜렷하기 때문이다. 이것이 마치 사람이 욕조에 누워 있을 때 양끝 부분인 머리와 발이 나오며, 머리가 발보다 더 많이 드러나는 것과 같다. '욕조 효과'는 인간의 인지가 기호 서열의 양 끝에 가장 민감하다는 것을 보여준다.

욕조효과는 언어학에서도 나타난다. 3음절 단어에서 내부 음절 길이의 순서가 [1+1+1] 형식과 [2+1] 형식은 모두 '앞 > 뒤 > 중간(부호 >는 '길이가 길다'를 의미)'으로 '욕조 효과'와 완전히 일치하지만, [1+2] 형식의 음절 길이 분포는 '앞 > 중간 > 뒤'로 '욕조 효과'에 부합하지 않는 것처럼 보인다. 이러한 차이가 나타나는 원인 중 하나는 [2+1] 형식이 긴밀한 구조여서 앞의 2음절과 뒤의 1음절 사이의 휴지가 아주 짧기 때문에 음절 길이의 순서가 [1+1+1] 형식에 가깝기 때문이다. 전체 음절의 길이로 보면, [2+1] 형식과 [1+1+1] 형식의 차이는 아주 작은 반면, [1+2] 형식과 [1+1+1] 형식의 차이는 아주 크다. 이 역시 [1+2] 형식의 구조가 [2+1] 형식의 구조와 [1+1+1] 형식의 구조에 비해 내부 결합이 훨씬 느슨하다는 것을 간접적으로 증명하고 있다.

柯航(2007)은 중국어의 운율, 의미와 구조 사이에는 '긴밀 도상성' 원칙을 바탕으로 만들어진 다음과 같은 관련 표지 모델이 존재한다고 주장하였다.

(45)

	무표적 조합	무표적 조합
운율	[1+2]	[2+1]
의미	느슨	긴밀
구조	구	단어
	(자립 성분)	(의존 성분)

술목 구조는 느슨한 구조이기 때문에 [1+2] 형식의 음절 조합은 무표적 조합을 형성하여 구를 만든다. 하지만 술목 구조 중에도 [2+1] 형식이 있는데, 이때 [2+1] 술목 구조는 유표적이다. 그 유표성은 다음 몇 가지 방면에 나타난다.

첫째, [1+2] 형식의 술목 구조에 비해 [2+1] 형식의 술목 구조는 수량도 적고 유형도 제한적이다. 匡腊英(2003)의 통계에 따르면, 500만 자에 달하는 언어 코퍼스에서 [2+1] 형식의 술목 구조는 겨우 38개에 불과하며, 이때도 절대다수의 목적어는 '人'이다.

둘째, [2+1] 형식이 단어를 구성하는 형식이기는 해도 관형어-중심어의 [2+1] 형식에서 많은 의존 형태소가 단어의 뒷부분 1음절('出租屋(임대주택), 技术工(기술공)')이 된다. 하지만 [2+1] 형식의 술목 구조는 의존 형태소를 배척('*爱护生, *出租屋')하기 때문에 목적어가 단어여야 한다는 조건이 있다. 그 외, [2+1] 형식의 술목 구조는 사용 범위에도 제약을 받는데, 이 또한 이것이 유표적인 조합 방식이라는 것을 설명한다. 沈家煊·柯航(2014)은 또 '出租伞(우산을 대여하다), 批发酒(술을 도매하다), 代表党(당을 대표하다), 相信鬼(귀신을 믿다)'와 같은 [2+1] 형식의 술목 구조는 의미 긴밀성의 각도에서 보면 쉽게 이해할 수 있다고 지적하였다. '出租伞'과 '出租车(택시/렌트카)'을 비교하면, '出租车'는 일반적으로 관형어-중심어의 복합어로 이해되며, 술목구로 이해되는 경우는 거의 없다. 그 원인은 일상생활에서 렌트, 자차, 공용 등으로 자동차를 분류하는 습관이 있는데 반해, 이러한 방식으로 우산을 분류하는 습관은 없기 때문이다. '批发酒'와 '批发价(도매가)'의 차이 역시 마찬가지로, 가격은 도매와 소매 등의 방식으로 분류를 하지만, 술은 일반적으로 이렇게 분류하지 않기 때문에

'批发价'는 오직 관형어-중심어의 복합어로만 이해된다. 사실 王灿龙(2002) 도 역시 이와 유사한 관점을 제기한 바 있다. 그는 우리는 '药(약)'을 사용하여 상품을 분류하지 않기 때문에 '药商品'이라고 말하지 않는다고 하였다. 하지만 긴밀 도상성 원칙을 바탕으로 하면 일련의 관련 현상에 대해 더욱 체계적인 설명이 가능하게 되었다.

2) '예외'에 대한 긴밀 도상성의 설명력

율격 관례에 대한 연구 중에 강세 규칙을 근거로 한 분석의 가장 큰 어려움은 관형어-중심어 구조가 대량의 [2+1] 형식과 소량의 [1+2] 형식의 병존 현상을 어떻게 설명할 것인가에 있다. 연구자들은 각종 방법을 생각하여 이러한 [1+2] 형식의 관형어-중심어 구조인 '예외'를 처리하려고 노력하였지만, 결과는 모두 만족스럽지 못하였다. 하지만 긴밀 도상성 원칙의 관점에서 보면 이러한 예외는 더 이상 예외라 할 수 없다.

관형어-중심어 구조의 [1+2] 형식과 [2+1] 형식의 가장 근본적인 차이는 관형어의 품사가 명사인지 형용사인지 혹은 만들어진 것이 단어인지 구인지에 있지 않고, 관형어와 중심어의 의미 관계의 긴밀성에 있다. 관형어-중심어의 의미 관계가 긴밀한 것은 [2+1] 형식과 무표적 조합을 구성하고, 의미 관계가 느슨한 것은 [1+2] 형식과 무표적 조합을 구성한다. '学校店(학교 상점)'과 '校商店(학교 구내 매점)'을 예로 들어 보자. 이들의 관형어는 모두 명사이지만, '学校店'는 학교의 교사와 학생이 기본 고객층이 되는 상점임을 강조하며, 일반적으로 학교 주변에 위치한다. 반면 '校商店'은 일반적으로 학교가 소유권을 가지고 교내에 설립한 상점을 가리킨다. 상점에 대한 특징의 분류나 묘사의 관점에서 말하면, 전자는 중심어의 보다 본질적인 특징을 나타내므로 의미가 더욱 긴밀하다. 陈刚·沈家煊(2012)은 또 '纸板房(판지 집)'과 '纸房子(종이 집)'의 예를 들었다. '纸'와 '纸板'은 모두 명사이지만, '纸板房'에서 관형어는 재료를 나타내고, 전체 구조가 하나의 사물을 나타내며 결합이 긴밀하기 때문에 [2+1] 형식을 선택하였다. '纸房子'의 '纸'는 집을 묘사하는 것으로 집의 속성을 부각시키기 때문에 '纸'와 중심어의 결합은 그렇게 긴밀하지 않아서 [1+2] 형식을 선택하였다.

관형어가 명사인 경우 외에 동사인 경우도 있는데, 그동안 이에 대한 논의는 많지가 않았다. 陈刚·沈家煊(2012)은 2음절 동사가 관형어가 될 때는 주로 뒤의 있는 중심어의 성질을 규정하고, 1음절 동사가 관형어가 될 때는 주로 상태를 묘사한다고 지적하였다. 예를 들어, '死亡岛(죽음의 섬)'는 '登岛的人都会死亡(섬에 오른 사람은 모두 죽을 것이다)'을 나타내고, '死脑筋(고지식한 생각)'에서 '死'는 '丧失生命(생명 상실)'과 관계가 크지 않고, '思想不开窍(생각이 트이지 않다)'의 상태를 나타낸다. 전자의 의미는 긴밀하지만 후자의 의미는 느슨하므로 역시 긴밀 도상성에 부합된다.

음절 조합 모델의 선택에서 형용사-명사의 관형어-중심어 구조는 명사-명사의 관형어-중심어 구조, 동사-명사의 관형어-중심어 구조와 큰 차이를 보인다. 대량의 [1+2] 형식 형용사-명사의 관형어-중심어 구조는 주로 단독으로 처리해야 하는 '예외' 현상이다. 하지만 이의 통사 핵심을 표층 구조에서 존재하지 않는 '的'로 처리함으로써 '보조성분 강세 원칙'의 조건을 만족시키든 아니면 이를 '구'로 보아 '음보 조합 방향 이론'을 만족시키든 모두 문제에 직면하게 된다.(이 책 2장 2절 참조) 2음절화에서의 형용사와 명사의 속도 차이라는 관점에서 내린 설명은 지나치게 거시적이어서 1, 2음절 형용사의 의미와 통사의 차이만 볼 뿐, [2+1] 형식의 형용사-명사의 존재 및 이와 [1+2] 형식의 형용사-명사의 차이는 간과하기가 쉽다. 陈刚·沈家煊(2012)은 '표지 전도'라는 관점에서 출발하여, 형용사-명사 조합도 역시 긴밀 도상성 원칙을 따른다는 것을 증명하였다. 긴밀 도상성은 더 많은 언어 사실에 대해 설명이 가능하고, 특히 율격 관례의 여러 가지 경우에 대해서 더욱 강력한 설명력을 가진다.

'표지 전도(markedness reversal)' 현상은 '국부적 유표성(local markedness)'이라고도 하는데, 하나의 주된 범주와 여기에 포함된 하위 범주가 유표성에서 나타나는 상반된 양상을 가리킨다. 예를 들면, '管家(집사)'는 무표항이고, '女管家(여집사)'는 유표항인데, 이는 '司机(기사), 经理(사장), 校长(교장), 大使(대사)'와 같이 일반적으로 직업이나 직위를 나타내는 명사에 적용된다. 하지만 일부 소수의 명사는 이와 상반된 양상을 보이는데, 예를 들어 '护士(간호사), 保姆(보모)'가 무표항이고, '男护士(남자 간호사), 男保姆(남자 보모)'가 유표항이다. '管家' 등과 같이 대부분의 명사는 '남성'과 하나의 주요한 자연적 조합을 형성하지만, '护士'와 같은 일부 소수의 명사는 '여성'과 하나의 부차적인 자연적 조합을 형성한다. 이는 어휘 층위에서의 '표지 전도' 현상이다.

문법 층위에서도 마찬가지로 '표지 전도' 현상이 존재한다. 예를 들면, 일반적인 경우에 단수 명사는 무표항이고, 복수 명사는 유표항이 된다. 하지만 집합 명사의 유표성은 이와 정반대로, 복수가 무표항이 되고, 단수는 유표항이 된다. 러시아어의 goroxs(완두)를 예로 들면, 가리키는 대상은 많은 작은 알맹이의 집합이므로 단수인 gorošina가 오히려 유표항이 되어 표지 -ina을 가진다. 이로써 다음과 같은 표지 전도가 만들어진다.

(46)　　　개체 명사　　집합 명사
　　단수　무표항　　　유표항
　　복수　유표항　　　무표항

기술 방식을 바꾸면 이는 다음과 같다.

(47)　　　　　자연적인 조합(주요)　　자연적인 조합(부차)
　　개체/집합　　개체 명사　　　　집합 명사
　　단수/복수　　　단수　　　　　　복수

여기서 일반 명사는 단수와 주요한 자연적 조합을 구성하고, 집합 명사는 복수와 부차적인 자연적 조합을 구성한다. 집합 명사는 그 자체가 일반 명사 중에서 특수한 유표적 분류이기 때문이다. 일반 명사는 개체 명사이기 때문에 집합 명사가 있어도 '단수 명사는 무표항'이라는 것에 모두들 동의한다. 沈家煊(2000)은 일찍이 이 이론을 사용하여 중국어 문법 범주의 여러 가지 비대칭 현상에 대해 묘사, 설명한 바 있다.

구체적으로 형용사-명사로 된 관형어-중심어 구조를 보자. 沈家煊(2011)은 기존의 연구가 명사, 동사, 형용사의 구분을 지나치게 중시하여 중국어의 명사, 동사, 형용사를 인도·유럽어와 마찬가지로 3자가 분립되고 상호 배척하는 관계로 가정하였다고 보았다. 이 글은 많은 언어 사실을 통해 중국어에서 우선적으로 중시하는 것은 명사, 동사, 형용사의 구분이 아니라 '대명사(大名词)'와 '묘사어(摹状词)'의 구분임을 논증하였다. 중국어의 형용사(성질 형용사)는 동사에 예속되고,[14] 동사는 또 명사에 예

---

14) 저자주: 沈家煊은 이후 이 관점이 지나치게 '동사 중심'을 강조한다고 여겨 부분적으로 이 관점을 포기하게 된다.

속되어 3자는 함께 하나의 (대)명사의 범주를 구성한다. 중국어에서 1음절 형용사와 2음절 형용사의 차이는 사실 朱德熙(1956)에서 확정한 성질 형용사와 상태 형용사의 차이보다 크다. 2음절 형용사는 묘사어라고 할 수 있으며, 성질을 나타내는 1음절 형용사와 대립한다. 중국어의 2음절 형용사는 관형어가 될 때 제약을 받으므로, [1+2] 형식이 정상적인 상태이다. 그래서 '大个子(큰 키), 新皮鞋(새 가죽신발)'라고 할 수는 있지만 '*高大个, *崭新鞋'라고 할 수는 없다. 2음절 형용사가 명사와 결합하여 [2+1] 형식의 관형어-중심어 구조를 절대로 만들 수 없는 것은 결코 아니지만, [1+2] 형식 관형어-중심어 구조 속의 1음절 형용사와 비교하면 2음절 형용사의 묘사성을 쉽게 알 수 있다. 예를 들면 '白颜色(흰 색)'는 색깔을 분류하는 것이고, '苍白色(창백한 색)'는 일종의 얼굴색에 대한 묘사이다. '穷地方(빈곤지역)'은 지역에 대한 성질 규정이고, '穷酸相(궁상)'은 일종의 기질이나 행위에 대한 묘사이다. 성질을 규정하는 단어와 중심어의 결합은 긴밀한 반면, 묘사하는 단어와 중심어의 결합은 느슨하다.

陈刚·沈家煊(2012)은 명사-명사의 관형어-중심어 구조와 동사-명사의 관형어-중심어 구조, 형용사-명사의 관형어-중심어 구조는 모두 성질 규정과 상태 묘사의 차이가 있으며, 단지 운율 구조의 유표성에서 명사와 동사는 일치하지만 형용사는 이와 상반되므로, '표지 전도 현상'을 일으킨다고 주장하였다.

(48)	자연적인 조합(주요) 관형어: 성질 규정	자연적인 조합(부차) 관형어: 상태 묘사
명사	纸板房[2+1](판지 집)	纸房子[1+2](종이 집)
동사	卷曲发[2+1](곱슬머리)	卷头发[1+2](곱슬머리)
형용사	冷空气[1+2](찬 공기)	寒冷意[2+1](추운 기운)

1음절 관형어의 전형적인 기능은 '성질 규정'이다. 1음절의 성질 규정 형용사와 중심어의 결합은 원래 긴밀하기 때문에 굳이 [2+1] 형식과 같은 긴밀한 운율 구조로 바꿀 필요가 없다. 반면, 2음절의 상태 묘사 형용사와 중심 명사의 결합은 느슨하기 때문에 운율 구조는 특별히 긴밀한 [2+1] 형식을 사용한다.

3) 의미 긴밀성의 차이가 근본이다.

冯胜利(1997, 2000)의 음보 조합 방향 규칙은 [2+1] 형식은 단어를 구성하는 구조이고, [1+2] 형식은 구를 만드는 구조로, '긴밀 도상성' 원칙에서 보면 구조 관계의 긴밀성(단어는 긴밀하고, 구는 느슨함)이 음절 조합의 긴밀성([2+1] 형식은 긴밀하고, [1+2] 형식은 느슨함)에 대응되거나 유사하다고 주장하였다. 그러나 이 이론은 '鸭骨架(오리 뼈대), 泥菩萨(진흙 보살), 党代表(당대표), 校领导(학교 지도자), 纸老虎(종이 호랑이), 年利率(연이율)' 등과 같은 [1+2] 형식의 NN 조합으로 구성된 복합어에 대해서는 설명을 할 수가 없다. 이 문제를 해결하기 위한 하나의 방법은 [1+2] 형식의 조합을 모두 구로 귀속시키는 것이다. 그러나 이렇게 처리하기에는 이유가 상당히 불충분하다. 상술한 조합들을 모두 구라는 하나의 종류로 귀납시키는 것이 불가능할 뿐만 아니라, '大盘子(큰 접시)'와 같은 형용사-명사 조합들도 많은 학자들이 '*很大盘子'라고 말할 수 없는 등 단어에 가까운 유사 단어라는 특징을 증명하였기 때문이다. 따라서 冯胜利(2001, 2005)는 또 [1+2] 형식이 구뿐만 아니라 단어도 만들 수 있다고 주장하게 된다. 하지만 그럴 경우 '규칙의 힘은 절반으로 줄어들게 되는 것'이다.(沈家煊 2016: 378) 사실 이러한 처리 방식의 가장 큰 문제는 그것이 단어와 구의 구분을 기

초로 삼았다는 데 있다. 공교롭게도 중국어는 '단어'와 '구'를 구분하기
가 어렵기 때문이다. 또 중국어에는 '단어'와 '구' 사이의 중간 형식도
대량으로 존재한다. 따라서 단어와 구의 구분에 중점을 두는 것은 오히
려 더 많은 문제에 직면하게 된다. 똑같은 3음절 관형어-중심어 구조라
도 [1+2] 형식과 [2+1] 형식은 확실히 차이가 있다. 하지만 그 차이는 의
미의 긴밀성과 관련이 있는데, 앞 절에서 명사-명사, 형용사-명사, 동사
-명사 구조의 많은 예들이 모두 이 점을 설명하고 있다.

陆丙甫・端木三(Lu & Duanmu 1991, 2002)은 품사 차이에서 출발하여 관형
어-중심어 구조를 NN과 AN의 두 가지 종류로 나누었다. 그들은 이 두
가지 구조의 핵심이 다르다고 보았는데, AN식의 심층 구조는 [A的N]이
라고 보았으며, [1+2] 형식 NN식의 경우에는 이에 대응하는 [2+2] 형식
이 가운데 '的'를 삽입할 수 있다는 이유로 이 역시 AN식 유형으로 귀
속시켰다. 이러한 처리 방식도 문제는 있으나(자세한 내용은 2장 2.1 참조),
전혀 불합리한 것도 아니다. [1+2] 형식 AN식(또는 NN식)의 대응 형식의
가운데 '的'를 삽입할 수 있는 근본적인 원인은 이러한 관형어와 중심어
의 의미 관계가 비교적 느슨하기 때문이다. 이를 통해 의미의 긴밀성이
문제를 설명하는 관건이라는 것을 알 수 있다.

긴밀 도상성의 원리를 사용하여 柯航(2011)[15]은 또한 '汉语大词典'과 같
은 복합어의 어순 문제에 대해서도 분석을 하였다. 과거에 1음절 관형어
가 첫머리에 오는 복합어에 왜 위치 이동('大汉语词典'이 '汉语大词典'으로 바
뀜)이 발생하는지에 대해 여러 가지 운율적인 해석이 있었다. 하지만, 이

---

15) 역자주: 독자의 이해를 돕기 위해 저자의 이 논문을 본 역서의 마지막에 부록으로 추가
하였다.

들은 모두 '冷排骨粥(냉갈비죽), 老古玩店(골동품점), 黑皮革沙发(검은 가죽소파), 新智能手机(새 스마트폰)' 등과 같이 1음절 관형어가 첫머리에 있으면서 위치 이동을 하지 않는 이른바 예외가 왜 다량으로 존재하는가에 대해서는 설명을 할 수가 없었다. 柯航(2011)은 1음절 관형어의 위치 이동은 먼저 '의미 긴밀도 인접 원칙(语义松紧度接近原则)'의 제약을 받는다고 주장하였다.

(49) 의미 긴밀도 인접 원칙

첫머리에 위치하는 1음절 관형어와 중심어의 의미 긴밀도와 뒤에 이어지는 관형어와 중심어의 의미 긴밀도의 차이가 작을수록 위치 이동이 쉽게 일어난다. 이와 반대이면, 위치 이동은 일어나기 어렵다.

예를 들어, '旧黑色沙发(낡은 검정 소파)'는 흔히 '黑色旧沙发(검정 낡은 소파)'라고 말하지만, '黑皮革沙发(검정 가죽 소파)'는 '皮革黑沙发'라고 할 수 없다. 그 근본 원인은 '旧(낡다)'와 '黑色(검은색)'는 모두 중심어의 외재적이고 비본질적인 속성을 나타내므로, 이들과 중심어와의 관계가 비교적 느슨하여 '旧'와 '黑色'가 서로 자리를 바꿀 수 있기 때문이다. 그런데 '皮革(가죽)'는 중심어의 안정적이고 내재적인 속성을 나타내므로 중심어와의 관계가 긴밀한데, 관계가 긴밀하지 않은 '黑'를 삽입하는 것은 좋지 않다.

'汉语大词典'은 마치 '大汉语词典'이 위치 이동을 거쳐 만들어진 것으로 보이지만, 사실 '大(크다)'가 첫머리에 오는 것과 중간에 오는 것은 의미가 다르다. 첫머리에 오는 '大'는 부피가 크다는 것(수록된 어휘량이 많아서 크기도 크다)을 가리킬 수도 있지만, 가운데 있는 '大'는 내용이 포괄적이라는 것을 더욱 강조한다. 따라서 柯航의 조사에 따르면, 중국어에서 '大xx词典'이라고 하는 사전은 일반적으로 수록된 어휘량이 상당히 많고 편폭이 큰 저작들이다. 그런데 'xx大词典'은 수록된 어휘량이 경우 6,000 개에 불과할 수도 있어서 확실히 부피는 작지만 어휘의 수록은 포괄적이다. 이러한 이유로 '新英汉词典(신영한사전)'은 수록된 단어가 모두 새로운 것이 아니라면 '英汉新词典(영한신사전)'이라고 말할 수 없다. 그런데 수록된 단어가 모두 새로운 것이라면, 이보다 '英汉新词词典(영한 신조어사전)'이 더 자주 사용되는 명칭일 것이다.

의미 긴밀도를 바탕으로 한 견해는 1음절 관형어가 어떤 경우에 이동할 수 있는지, 관형어가 모두 2음절일 경우에 관형어 간의 위치 교환이 가능한지에 대해서도 설명을 할 수가 있다. 예는 다음과 같다.

(50) a. 新款防寒大衣(신상 방한 외투) － ?防寒新款大衣
    b. 小号玻璃奶瓶(소형 유리 젖병) － ?玻璃小号奶瓶
    c. 大号白色球鞋(라지 흰 색 운동화) － 白色大号球鞋(흰 색 라지 운동화)
    d. 玻璃保温奶瓶(유리 보온 젖병) － 保温玻璃奶瓶(보온 유리 젖병)

예(50)에서 a와 b의 두 관형어는 위치를 이동하면 좋지 않은 반면, c와 d의 두 관형어는 위치 이동에 문제가 없다. 또, c와 d의 두 관형어와 중심어의 관계는 모두 긴밀하거나 아니면 모두 느슨하기 때문에, 이들은 중심어와 유사한 의미 긴밀도를 가진다.

첫머리에 위치하는 1음절 관형어의 위치 이동 여부에 운율과 의미가 미치는 영향은 다음 표로 정리할 수 있다.

(51)

원래 형식	운율 조건	의미 긴밀도 인접 원칙	1음절 관형어 이동 가능 여부
黑色旧沙发 (검정 헌 소파)	+	+	+
黑皮革沙发 (검정 가죽 소파)	+	-	-
甜红豆粥 (단팥죽)	+	-	-
大方形桶 (큰 사각통)	+	+	+

이 표를 통해 1음절 관형어의 이동 여부는 결국 의미 긴밀도 인접 원칙의 제약을 받는다는 것을 알 수 있다. 이러한 관점에서 의미 긴밀도 역시 근본적인 요소가 된다.

4.2 양 도상성(多少象似)

端木三(2007, Duanmu 2005)과 周韧(2006)은 모두 정보량의 크기와 강세 사이의 관계에 근거한 정보-강세 원칙(周韧의 글에서는 이를 '정보량 원칙(信息量原则)'이라 함)을 제시하였다. 정보량 크기에 대한 판정 기준에 관해서 두 학자의 견해는 차이가 있지만, 그들은 모두 정보량이 많은 성분이 강세를 얻으며, 중국어에서 강세의 표현 형식은 음절 수가 많은 것(또는 음절이 긴 것)이라고 보았다. (자세한 내용은 2장 2.3절 참조) 이것은 사실 양 도상성(多少象似) 원칙의 초기 형태이다.

周韧(2016)은 자신이 이전에 제시한 '정보량 원칙'에 대해 수정을 가하여 음절 수 대립에 기초한 '양 도상성' 원칙을 제시하였다.

(52) 양 도상성
　　의미 화용 정보가 상대적으로 큰 성분은 음절 수가 상대적으로 많다.
　　의미 화용 정보가 상대적으로 작은 성분은 음절 수가 상대적으로 적다.

周韌(2016)은 중국어의 강세가 청각적으로 분명하지 않기 때문에 이를 약화시키는 한편, 음절 수의 중요성은 더 중시해야 한다고 생각했다. 그는 중국어의 음절 수를 이용하여 운율문법의 문제를 설명할 때, 중간에 강세라는 과정을 증설할 필요가 없다고 보았다. 따라서 그는 이전의 글(周韌 2006)에서 정보량이 큰 성분이 강세를 얻을 수 있다는 표현을 삭제하게 된다. 이 점에 대해서 필자 또한 매우 공감하는 바이다.(이 책 3장 1절 참조)

구체적으로 분석을 진행하면서, 周韌(2016)은 여전히 관형어를 정보량의 크기에 따라 이 책 2장 2.3절 (35)에서와 같이 세 가지로 나누었다. 하지만 정보량의 크기를 판정함에 있어서는 더 이상 '대립항의 수'에만 의존하지 않고, 陆丙甫(1993)와 张敏(1998)의 의미 인접(语义靠近) 원칙(중심어에 가까운 관형어일수록 더 안정적이고 객관적인 의미를 나타내고, 중심어의 본질적인 속성을 반영한다. 반대로 중심어에서 먼 관형어는 일시적이고 주관적인 의미를 나타낸다)과 陆丙甫(2005)의 식별도 전치 원칙(可別度領前原則, 식별도가 높은 성분은 어순에서 앞에 놓이는 경향이 있다)을 종합하였다. 그는 다음과 같이 말했다.

'크기, 색깔, 모양' 등을 나타내는 관형어는 중심어와 의미 관계가 멀고, 관형어-중심어 구조 전체에 대한 의미적 공헌이 작으므로, 식별도는 높지만 가지고 있는 정보량은 작다.

'용도, 기능' 등을 나타내는 관형어는 중심어와 의미 관계가 가깝고, 관형어-중심어 구조 전체에 대한 의미적 공헌이 크므로, 식별도는 낮지만 가지고 있는 정보량은 크다.

'속성, 재료, 시간, 방위' 등을 나타내는 관형어의 관련 속성은 위 두 종류의 관형어 사이이다.

이를 통해 정보량 크기에 대한 판정은 관형어와 중심어의 의미 관계의 거리와 직접 관련이 있음을 알 수 있다. 관형어와 중심어의 관계가 가까운 것은 긴밀하고, 먼 것은 느슨하다. 따라서 정보량의 크기에 대응하는 것은 사실상 의미의 긴밀도이며, 양자는 서로 통한다.

수량의 많고 적음도 사실 긴밀도와 내재적인 관계가 있다. 중국어는 '음절 및 음절의 길이와 성량의 변화가 다른 언어보다 작다'(赵元任 1975). 즉, 중국어 음절은 강세가 같고 모두 의미를 가지고 있기 때문에 중국어를 말하는 사람들은 음절의 수에 매우 민감하게 되었고, 또 음절의 강세가 같아서 표현의 필요에 따라 긴밀도가 다른 조합을 만들기 쉬우므로 음절 수의 차이가 긴밀도를 통해 나타나게 되었다. 그 외에, 중국어의 리듬을 말할 때는 박자를 빼놓을 수 없다. 동일한 길이의 박자 안에서 허용하는 음절 수가 많으면 당연히 긴밀하고, 음절 수가 적으면 느슨해지므로 수량의 차이가 사실은 긴밀도의 차이이다.

양 도상성은 일종의 수량 도상성이고, 긴밀 도상성은 일종의 거리 도상성이다. 위의 분석을 통해 양자가 서로 관련성이 있다는 것을 알 수 있다. 아울러 필자는 중국어 운율문법의 특징을 더욱 잘 보여주는 것은 긴밀 도상성이라고 생각한다. 긴밀성을 떠나서는 중국어의 리듬을 토론하기가 어렵기 때문이다.

제5절 소결

중국어 운율문법 연구가 다른 언어 현상으로 점점 더 범위를 넓히고 있지만, 가장 많은 논의가 이루어졌고, 성과 또한 풍부한 것은 1음절과 2음절 조합의 율격 관례와 두 가지 복합어('汉语大词典', '纸张粉碎机')의 어순 문제이다. 따라서 이 장에서는 이 세 가지 문제에 관한 연구에 대해 중점적으로 소개하였다.

방법적인 면에서 이들 연구는 세 가지로 나눌 수 있다.

첫 번째는 강세 규칙에서 출발하여 중국어 음절 조합에 대한 강세의 제약을 논의하는 것으로, 강세가 율격 관례 및 복합어의 어순 형성과 관계가 있다고 보았다. 이러한 연구들 중에 학자들이 제시한 강세 규칙에는 차이가 있지만, 중국어 음보 구성과 강세 표현 등의 문제에 대해서는 대체로 일치된 견해를 보인다. 학자들은 기본적으로 모두 중국어의 표준 음보는 2음절 음보이며, 중국어 강세는 주로 음절 수(음절의 길이)로 나타난다는 것이다.

두 번째는 통사 의미 특징에서 출발하여 통사 의미 요소가 '율격 관례'의 형성과 복합어의 일부 특수한 어순에 대해 결정적인 작용을 한다는 것을 강조한다. 하지만 구체적인 이론의 적용에서는 학자들의 견해차가 상당히 크다.

세 번째는 도상성 원칙을 통해 음절 조합과 의미(심지어 통사)의 관계를 건립하고자 하는 시도이다.

앞의 두 연구는 구체적인 방법 면에서 상당한 차이가 있지만, 관점에서는 일맥상통하는 부분이 많다. 먼저, 단어와 구의 차이를 강조하는 것이다. 예를 들어, 음보 조합 방향 규칙은 단어와 구를 엄격히 구분하며, 좌측 강세 원칙의 전제는 단어를 확정하는 것이다. '纸张粉碎机'와 같은 복합어의 어순을 논의할 때, 많은 생성 문법학자들은 단어와 구의 생성 방식에 차이가 있다고 생각한다. 다음으로, 각 품사의 문법 특징 차이, 특히 명사와 동사의 차이를 중시하는 것이다. 예를 들어, 관형어-중심어 구조를 AN식과 NN식으로 구분하여 처리하는 것으로, 이는 '명사, 동사, 형용사의 차이'가 율격 관례의 형성에 큰 영향을 미친다고 보는 것이다. 이에 비해 세 번째 연구는 좀 다르다. 단어와 구의 구분을 문제 해석의 출발점으로 보지 않고, '명사, 동사, 형용사'의 문법적인 차이도 희석시키는 반면 의미와 정보의 중추적인 역할을 더욱 강조한다.

중국어에서 단어와 구는 구분이 어렵고, 점점 더 많은 연구가 중국어의 명사와 동사는 분립 관계가 아닌 포함 관계(본 총서 중 王冬梅의 『词类问题--从分立格局到包含格局』를 참고)라고 표명하는데, 이는 모두 영어와 커다란 차이가 있다. 따라서 상술한 '단어와 구의 구분', '명사와 동사의 차이'를 중시한 해결 방안이 정말로 중국어에 적합한지에 대해서는 더 깊은 사고와 연구를 필요로 한다.

다음 장에서는 중국어의 실제 사례에서 출발하여, 중국어 운율문법 연구에서 운용한 몇몇 기본 이론과 용어의 적합성 문제에 대해 진일보한 분석을 시도하고자 한다.

제 3 장

중국어
리듬은
강약형인가,
긴장 이완형인가

중국어 리듬은 강약형인가, 긴장 이완형인가?

제1절 중국어에 단어강세가 있는가?

강세는 보통 대조강세, 구 강세, 단어강세의 3가지로 분류한다. 일반
적으로 모든 언어는 구 강세와 대조강세(화용강세)를 가지는데, 이는 중국
어도 마찬가지다. 하지만 중국어 단어강세에 대한 논의는 오랫동안 의견
의 일치를 이루지 못했는데, 쟁점은 주로 다음 두 가지 방면에 집중된다.
하나는 중국어에서 단어강세의 존재 여부이고, 다른 하나는 중국어 단어
강세의 위치이다. 물론 이 두 가지 문제는 서로 관련이 있는데, 단어강
세를 인정해야 그 위치에 대한 논의도 가능하기 때문이다. 만약 단어강
세의 위치에 대해 논쟁이 끊임없다면 아마 강세가 존재하는지에 대해서
도 의구심이 생겨날 것이다.

'강약'을 기초로 중국어 리듬을 논의하는 사람들은 모두 중국어도 영
어 등의 인도·유럽어와 마찬가지로 단어강세가 있다고 믿는데, 그 위
치에 대해서는 견해를 달리 한다. 예를 들어, 端木三(2000, 2014, Duanmu
2000)은 강세가 언어 리듬의 보편적인 규칙이며, 중국어의 강세도 영어와
본질적인 차이가 없다고 생각한다. 단어 층위나 구 층위, 발화 층위에서
모두 중국어는 왼쪽에 강세가 있는 유형이며, 영어와 같은 리듬 구조를

가진다. 王志浩·冯胜利(2006)는 1만여 개에 달하는 언어코퍼스에 대해 성조 대조법을 통해 조사한 결과, 왼쪽에 강세가 있는 예도 실제로 존재('安静(조용하다)')하지만, 양쪽이 동등한 강세의 예('搬运(운반하다)')나 오른쪽에 강세가 있는 예('包办(도맡아 하다)')도 적지 않다는 사실을 증명하였다. 이를 통해 단어강세의 위치에 대해서 비교적 통일된 견해는 없다는 것을 알 수 있다. 음성 감지 실험에서 나온 연구 데이터 역시 이러한 결과를 뒷받침한다. 그 중에는 우측 강세가 대다수를 차지함을 보여주는 연구 데이터도 있는 반면, 동등한 강세가 다수를 차지하는 연구 결과도 있고, 좌측 강세가 다수를 차지하는 것으로 나타난 연구 결과도 있다. 유사한 코퍼스를 대상으로 한 실험이라도 최종 도출된 데이터는 비교적 큰 차이를 보인다.(자세한 내용은 许希明·沈家煊 2016을 참조) 보통화에서 음이 같지만 구조가 다른 두 글자 조합에 대해 강세 유형을 감지하는 실험과 음성학적 분석을 진행한 贾媛(2011)은 보통화 2음절 구조에서 의미 변별 기능이 있는 강세 유형은 좌측 강세이지만, 단독으로 읽을 경우에 경성이 아닌 두 글자 조합은 의미 변별 기능을 가진 단어강세가 존재하지 않는다는 결론을 얻었다. 그리고 중국과학원 음성학 연구소와 중국사회과학원 언어연구소, 마이크로소프트사, 제통 회사(GTL Technology & Service Co., Ltd) 등 많은 기관들이 모두 대규모 뉴스 방송 코퍼스를 구축하였는데, 그들은 방송 언어 자료에 음성 표시를 할 때 고용된 비전문 인력들이 3~4급으로 크기가 다른 휴지는 구분할 수 있지만, 음보의 강세가 앞에 있는지 뒤에 있는지는 구분할 수 없었다는 사실을 王洪君(2008: 141)도 언급하고 있다. 이것은 마침 경성을 제외한 음절의 강약에 대해 베이징 사람들의 판단은 일치하기가 어렵다는 赵元任(Chao 1968)의 견해에 완전히 부합된다. 周韧(2016)은 1950년대 이후 중국어 단어강세를 연구한 논저들 가운데 조사 가능한 것들을 모두 고찰한 결과, 중국어 언어학계에서 중국어에 단어강세가 있다고 생각하는 학자들 사이에도 이에 대해 지금까지 일치된 견해는 없었다고 주장했다. 중국어 단어강세의 분포에 대해 음성학자들이나 음운학자들의 판단은 모두 기껏해야 일종의 경향성 정도라고 말할 수 있을 뿐, 절대로 규칙이나 규율의 정도까지 이르지는 않았다. 일부 음운학자들이 어휘에서 좌측 강세나 우측 강세라고 생각하는 것들도 반드시 특수한 기술적 수단을 빌려서 현존하는 언어 자료에 대해 일정한 편집 처리가 필요하다.

趙元任(Chao 1968)은 "중간에 휴지 없이 정상적인 강세를 가진 일련의 음절들은 단어나 복합어 모두 실제 강약 정도가 완전히 같지는 않다. 음절 가운데 가장 마지막 음절이 가장 강하고, 첫 번째 음절이 그 다음이고, 중간의 음절이 가장 약하다"고 하였다. 趙元任의 원래 말은 "the inter-mediate being the least stressed(중간이 가장 강세를 적게 받는다)"이다. 이를 통해 중간 음절이라 하더라도 정상적인 강세를 가진다는 것을 알 수 있다. 하지만 趙元任은 '중간 강세'를 만드는 것에 대해 분명히 반대를 하였다. 그는 정상적인 강세 음절들 간의 강약 차이는 위치로 인해 결정되기 때문에 음위론적 의미를 가지지 못하며, 중간 강세에 대한 모어 화자들의 판단 역시 견해의 일치를 이루기 어렵다고 보았다. 冯胜利(2016b)은 베이징 말의 음절은 강약의 구별이 있지만, "강약은 단순히 두 단계의 강약이 아니라 서로 다른 4단계가 있다."고 하였다. 예를 들어, '棋子(바둑돌), 方舟子(팡저우쯔),[1] 妻子(아내), 旗子(깃발)'에서 네 개의 '子' 가운데, 첫 번째

---

1) 역자주: 중국의 유명한 과학작가.

는 강음절, 두 번째는 약한 약음절, 세 번째는 약음절, 네 번째는 최강음절이 된다. 필자는 이에 대해 소규모의 조사를 진행한 적이 있는데, 그 결과 분명히 경성이라고 확정할 수 있는 마지막의 '子'를 제외하고, 정상적인 강세를 가진 앞의 세 '子'가 강약의 차이가 있는지 여부와 이를 몇 개의 단계로 나눌 수 있는지에 대해서 모어 화자들의 견해는 일치하지 않는다는 것을 발견하였다.

단어강세에 대한 연구는 여러 가지로 의견이 분분하다. 비경성 단어의 강세 위치와 강약 차이에 대해 보통 사람들의 어감은 각자 다른데, 이는 그 사실 자체만으로도 이미 문제를 잘 설명하고 있다. 중국어에 영어와 같이 구조화되거나 또는 문법화된 단어강세가 있는지 의구심을 가질 필요가 있다는 것이다. 王洪君(2004)은 중국어 강세는 단어의 의미를 구별하지 않기 때문에, '음운론적 의미의 리듬 강세'를 가지지 않는다고 보았다. 张洪明(2014)도 "성조 언어로서 중국어는 어휘 층위에서 구조적으로 범주화, 체계화된 강세는 없다"고 주장하였다. 吴为善(2015: 17)은 "만약 중국어를 말하면서 강약이 있다고 느끼고, 또 어떤 음절은 강하고 어떤 음절은 약하게 들린다면, 그것은 일종의 언어 율격을 형성한 것이다. 이는 매우 자연스럽고 정상적인 현상으로, 인도·유럽어뿐만 아니라 아마도 모든 언어가 그렇다고 할 수 있다. 중국어도 예외가 아니다. 이러한 의미에서 말한다면, 중국어도 당연히 '강세'가 있다."라고 하였다. 또 그는 "만약 이 '강세'가 음운론적 의미의 정의이고, 음의 세기를 기반으로 구성된 초음절 '강세 음위(重位)'에 해당된다면, 이는 별개의 것이다."라고 하였다.

沈家煊·柯航(2014)은 단어강세 문제가 오랫동안 해결되지 않은 이유는 출발점부터 문제가 있기 때문일 것이라고 주장하였다. 중국어는 단어 자체에 대해 정확히 정의하기가 어렵다. 명확한 단어가 없으면, 명확한 '단어강세'도 없다. 'blackbird(복합어)와 black 'bird(구)에서 보듯이 영어의 복합어와 구의 강세 모형은 확연히 차이가 난다. 하지만 중국어는 '假如'(만약, 단어)와 '俩壶(두 개의 주전자, 구)', '黑车'(불법으로 운행하는 차량, 복합어)와 '黑车'(검은색 차, 구)에서 보듯이 단어와 구의 강세 유형이 주로 동일하다.

중국어에 단어강세가 존재하고, 또 그것이 앞에 있다고 주장하는 학자들의 주요 근거는 두 가지이다. 하나는 중국어에 경성 단어가 존재한다는 것이고, 또 하나는 실제로 말을 할 때 2음절에서 뒤의 글자를 약하게 읽는 경향이 있다(厉为民 1981, 王彩豫等 2007)는 일부 학자들의 발견이다. 하지만 통계에 따르면, 『现代汉语词典』에서 경성 단어의 비율은 겨우 6.65%(厉为民 1981)에 불과하며, 『现代汉语词典』에서 그 비율은 또한 점점 낮아지고 있다.(朱宏一 2008) 20,000개의 상용 2음절 단어 중에서 경성 단어는 겨우 7.5%를 차지할 뿐이다.(徐世荣 1982) 이렇게 낮은 비율이라면, 그 소량의 단어를 하나하나 열거한 목록을 만드는 것이 더욱 합리적인 방법일 것이다. 말을 할 때 뒤의 글자가 약해지는 현상에 대해, 沈家煊·柯航(2014)은 어구의 강약 형식은 본래 형식과 조건 형식으로 구분할 필요가 있다고 보았다. 어휘 목록과 사전에 실린 단어는 본래 형식이고, 실제 구어에서 나타난 여러 가지 조건 제약을 받은 것은 조건 형식이다. '交代(교대하다. 분부하다. 설명하다)'를 예로 들면, 사전에서는 이를 경성 단어가 아닌 '2차 강세-강세'로 읽을 수 있지만, '你今天要给我一个交代(너는 오늘 나에게 설명해야 한다)'에서 '交代'는 두 글자를 같은 강세로 읽어도 문제가 없으나, 일반적으로는 '代'를 조금 약하게 읽는다. 재미있는 것은, 필자가 이 문장 속 '交代'의 강약에 대해 조사를 진행할 때, 혹자는 만약 문장이 '你今天必须给我一个交代(너는 오늘 반드시 나에게 설명해야 한다)' 라면 이때는 '必须(반드시)'의 영향으로 인해 '交代'도 반드시 같은 강세로 읽어야 한다고 주장한 점이다.

본래 형식과 조건 형식을 구분해야 하는 것은 중국어뿐만이 아니라 영어도 마찬가지다. 영어 단어 thirteen은 단독으로 출현할 때는 강세가 두 번째 음절에 있는데, 이는 어휘 목록이나 사전에 있는 본래의 강세 구조이다. 그런데 이 단어가 실제 구어에서 사용될 때는, 예를 들어 thirteen men에 출현하게 되면 두 개의 강세가 바로 이웃하는 상황을 피하기 위해서 화자는 단어강세를 첫 번째 음절로 이동시킨다. 하지만 thirty men과의 구분 등 표현상의 필요에 따라서는 강세가 이동하지 않고 원래의 뒤쪽 위치를 그대로 유지할 수도 있다. 결국 실제 말을 할 때 thirteen을 앞쪽 강세 혹은 뒤쪽 강세로 읽을 것인지는 조건에 따른 형식이며, 이를 근거로 이 단어가 원래 뒤쪽 강세라는 것을 부정하거나 긍정할 수는 없다는 것이다. 이를 통해서 중국어에 단어강세가 있으며, 또 그것이 앞쪽 강세라는 견해는 성립하지 않는다는 것을 알 수 있다.

영어와 같은 인도·유럽어는 모두 단어강세가 있는데, 현재까지의 연구로 보아 중국어는 명확한 단어강세가 없다. 그러므로 외국의 운율음운론 이론과 용어, 특히 '강세'라는 개념을 사용하여 중국어 운율문법 연구를 진행할 때는 특히 신중해야 한다. 다음 두 절에서 살펴 볼 중국어 리듬과 운율위계에 관한 연구는 모두 중국어 특징에 대한 새로운 견해를 다루고 있는데, 그 기초는 모두 중국어는 단어강세가 없다는 특징과 관련이 있다.

제2절 무엇이 중국어 리듬을 제약하는가?

冯胜利(1997: 2)는 "음보는 율격에서 가장 기본적인 요소로, 가장 작은 '강약'의 단락이다. '강약'이 없으면 리듬이 없고, 리듬이 없으면 운율도 없다"라고 하였다. 端木三(2016: 2) 역시 "리듬의 본질은 중복이다. 음성의 중복에는 여러 가지 방면이 있다", "가장 주요한 중복은 역시 음절의 강약 교체"라고 하였다. 두 학자 모두 언어의 리듬에 대한 '강약' 교체의 중요성을 강조하고 있다. 하지만, 강약 교체의 전제는 강세를 확인할 수 있다는 것이며, 강세가 감지되지 않거나 감지되기 어렵다면 강약의 반복적인 교체를 구성할 수가 없다. 따라서 중국어의 리듬이 정말 강약의 교체인지, 운율문법의 연구가 강약을 근본으로 삼아야 하는지 여부가 문제가 되었다.

王洪君(2004)은 중국어의 표준 음보는 앞 글자와 뒤 글자 모두 악센트 (重征 accent)의 각 요소가 무표적으로 연관되어 있으며, 음보의 앞쪽 강세인지 뒤쪽 강세인지에 대해 모국어 화자의 판단은 일치하지 않는다고 생각했다. 중국어에서 강조강세가 있는 음절만 악센트의 각 요소의 무표적 결합에 도달하고, 중국어를 모국어로 하는 화자는 단지 강조강세의 위치에 대해서만 동일하게 감지한다. "이는 강조강세야말로 진정한 의미의 '강세'라 할 수 있는데, 이러한 '강세'는 리듬이 아닌 어구 초점 층위의 것으로, 주기적인 강약 교체를 구성하지 않는다"라고 하였다. 그러나 강약의 교체가 없다는 것이 리듬을 구성할 수 없다는 것을 의미하지는 않는다. 음악에는 강약은 동일하나 긴장도가 다른 단순한 리듬이 있다. "북을 치는 것을 예로 들면, 동등한 힘의 강도로 짧은 시간 간격으로 두 번 치고, 이어서 긴 시간 간격을 두는 것을 반복하면 ××○××○××○과 같은 리듬을 형성한다." 중국어의 두 글자 리듬도 역시 '강약 리듬'이 아닌 '긴장 이완의 리듬'을 형성한다. 그는 "한 단락의 말에서 항상 두 글자 또는 세 글자의 내부 결합은 비교적 긴밀하지만, 두 글자나 세 글자 사이의 결합은 느슨하기 때문에 긴장과 이완의 교체를 형성한다."고 하였다.

沈家煊·柯航(2014)은 王洪君(2004)의 관점에 동의하면서, 영어와 중국어의 리듬 유형의 차이 및 이와 관련된 표현에 대해 논증하였다. 그들은 글에서 리듬은 '언어에서 현저한 단위들 사이에 느낄 수 있는 정렬과 균형'(Crystal 1997)으로, '강약'이 있다는 것은 단지 '현저한 단위'와 '비현저한 단위'의 구분이 있을 뿐, 리듬의 근본적인 특징은 '정렬과 균형', 즉 '정시'(timing)성이며, 리듬을 형성하는 수단은 여러 가지가 있을 수 있다고 주장하였다.

영어의 특징은 단어강세가 어휘 전체를 포괄하고 있어서, 위치는 일정하지 않지만 예측 가능하기 때문에 말을 할 때 '강약'이 음절 결합의 긴밀도를 제약하고, '긴밀도'는 '강약'을 통해 확정된다. 아래 영어의 예를 보자.

(53) The 'consequences of his 'action are 'several.
　　　(그의 행동의 결과는 여러 가지이다)

이 문장에는 세 개의 강음절 con-, ac-, se-가 있고, 나머지는 모두 약음절이다. 문장이 가지런하고 균형 잡힌 느낌을 가지려면, 인접한 강음절의 시간 간격을 대체로 같게, 즉 '동등한 음길이'로 해야 한다. 인접한 강음절 사이에 만약 약음절이 많다면 발음 속도를 빨리 해서 시간을 충분하게 쓸 수 있도록 조밀하게 말을 해야 한다. 예를 들어, con-se-quenc-es-of-his라는 여섯 음절은 발음 속도를 빨리하여 조밀하게 읽어야 하지만, act-ion-are라는 세 음절은 발음 속도를 느리게 하여 느슨하게 읽음으로써 두 개가 대체로 같은 길이의 단락이 되게 한다.

중국어의 특징은 1음절이 매우 활발하고 대부분 완전한 성조를 가지고 있기 때문에, 중국어는 '연속적인 말의 리듬이 높은 단음조(monotony)'를 이루고, '일종의 균형적인 리듬의 경향'이 있다.(Chao 1975) 다시 말해, 중국어 말을 할 때 하나하나의 음절 자체는 대체로 같은 길이의 리듬 단위이고, 하나의 음절-하나의 휴지가 곧 리듬이 된다. 이것은 마치 악음과 쉼표의 교체도 리듬을 만들 수 있는 것과 같다. 중국어는 '음절 박자 언어(syllable-timed language)'[2]이기 때문에, 시를 낭송할 때 '床前明月光(침대머리 앞에 밝은 달빛 비추는데)'은 주로 '床前│明月│光' 또는 '床前│明月光'으로 읽지만, '床│前│明│月│光'으로 읽는 것도 수용이 가능하다. 반면, 영어는 '강세 박자 언어(stress-timed language)'[3]이기 때문에, 'The moon is in the sky'라는 한 구절을 ''The 'moon 'is 'in 'the 'sky'라고 읽는 것은 말을 하거나 시를 낭송하는 것이 아니라 단어를 하나하나 읽는 것이다.

중국어에서 하나의 음절-하나의 휴지가 리듬을 만들기는 하지만, 실제로 이를 들게 되면 로봇이 말하는 것처럼 단조롭고 변화가 없다. 왜냐하면 음절과 음절의 결합에는 긴밀도의 변화가 있어서, '金木水火土'는 각 음절이 하나의 리듬 단원이 되게 느슨하게 읽을 수도 있고(金│木│水│

---

2) 역자주: 음절 중심으로 운이 형성되는 언어.
3) 역자주: 강세 중심으로 운이 형성되는 언어.

火ㅣ土), 몇 개의 음절이 합쳐져서 하나의 '긴밀한' 리듬 단원이 되게 조밀하게 읽을 수도 있다.(金木ㅣ水火土, ㅣ金木水火土ㅣ) 趙元任은 이를 중국어의 '리듬의 자유(节奏的自由)'라고 하였고, 文煉·陆丙甫(1979)는 이러한 신축성을 '음보 구분의 임의성(音步划分的随宜性)'이라고 하였다.

앞 절에서 권위 있는 중국어 사전에서 경성으로 표시된 단어가 아주 적으며, 이 역시 점점 감소하는 추세라고 언급하였다. 하지만 많은 학자들은 사람들이 실제로 말을 할 때 2음절-휴지에서 뒤의 글자가 뚜렷한 경성화의 경향이 있으며, 말이 유창할수록 경성화는 더 뚜렷해진다는 것을 발견하였다.(王彩豫등 2007) 그런데 만약 '긴밀도가 강약을 제약한다(松紧控制轻重)'는 각도에서 보면, 이처럼 보기에 모순적인 현상들에 대해서도 비교적 합리적인 설명이 가능하다. 沈家煊·柯航(2014)은 이에 대해, 사전의 표기는 본래 형식이고 말을 할 때 나타나는 것은 조건 형식이라고 보았다. 중국어의 리듬은 원래 한 글자-하나의 휴지로 되어있는데, 2음절 조합도 역시 대체로 같은 강세인 '2차 강세-강세' 형식으로, 명확한 단어도 없고 현저한 단어강세도 없다는 것이다. 그러나 하나의 단어가 말 속에 들어가 더 큰 단위의 구성 성분이 될 때, 그것은 인지적으로 더욱 긴밀한 구조 단위와 개념 단위로 바뀌며, 그에 상응하여 음성도 긴밀해진다. 그런데 음성 형식에서 '앞쪽 강세'가 '뒤쪽 강세'나 '동일한 강세'보다 더욱 긴밀하기[4] 때문에 강세가 앞으로 이동하는 경향이 있으며,

---

4) 저자주: 음성 형식에 있어서 '앞쪽 강세'가 더 긴밀한 것에 관하여, 柯航(2007)은 '강약'식과 '약강'식이 음성적으로 사람에게 주는 전체적인 느낌이 다르다고 지적하였다. 강약격은 전체 느낌이 강하고, 외적 배타성과 내적 응집성을 가지지만, 악곡에서 쉼표로 시작하는 박자(약강격)는 사람에게 주는 느낌이 휴지나 종료의 느낌이 강하지 않은 것처럼 약강격은 전체 느낌이 약하다. 따라서 강약과 약강의 차이도 긴장과 이완의 차이를 포함할 수 있다.

말이 유창할수록 이는 더욱 뚜렷해진다. 이를 통해 중국어는 긴밀도가 강약을 제약한다는 것을 알 수 있다.

중국어 운율 구조와 통사 구조 사이의 대응 관계를 논의할 때, 강세 규칙의 제약이라는 견해는 모두 강약에서 출발한다. 1음절은 약하고, 2음절은 강하다는 것과 보조성분 강세 원칙에 따라, 3음절 조합에서 [2+1] 형식은 강약격으로 볼 수 있고, [1+2] 형식은 약강격으로 볼 수 있다. [2+1] 형식은 단어를 구성하고, [1+2] 형식은 구를 구성한다. 즉, '강약격은 단어를 구성하고, 약강격은 구를 구성한다'. 하지만 강약 및 단어와 구의 구별이 영어에서는 대체로 쉽지만, 중국어에서는 비교적 어렵다. 이는 영어의 '강약이 긴밀도를 제약한다'는 관점인데, 중국어에서는 예외가 적지 않아 적합하지가 않다.(자세한 내용은 이 책 2장 2절 참조) 따라서 沈家煊·柯航(2014)은 이를 중국어에 맞게 긴밀도를 근본으로 하는 관점으로 바꾸어야 한다고 주장하였다. 긴밀 도상성을 사용함으로써 '예외'에 대해서 더욱 간결하고 합리적인 설명이 가능하다.(자세한 내용은 2장 4.1절 참조)

제3절 중국어의 운율위계

앞의 1장 4절에서 우리는 운율음운론이 간접 이론 가설을 기초로 수립되었고, 운율이 자체적으로 운율 단위를 가지고 있으며, 하나의 위계 구조를 가지고 있다고 소개한 바 있다. 통사가 음운에 미치는 영향은 간접적이어서, 통사 단위가 규칙에 따라 운율 단위로 전환된 후의 진행 과정은 운율 단위만으로 완성이 가능하다. 이러한 관점에서 운율 단위는 운율통사론 연구의 도구이자 운율과 통사의 상호작용적 연구 성과이기도 하다.

중국어 운율문법의 상호작용 관계에 대한 토론에서 학자들이 많이 다루는 운율의 단위는 음절, 음보, 운율단어 및 운율구(즉, '음운구')이며, 이들 사이의 위계 관계는 다음과 같이 도식화할 수 있다.

운율구
↓
운율단어
↓
음보
↓
음절

보편성을 가진 이러한 운율위계가 중국어에도 적용되는 것은 분명해 보인다. 그런데 과연 정말 그럴까? 본 절에서는 이와 관련된 연구를 간략히 소개하고자 한다.

3.1 중국어의 음보

많은 연구자들의 글에서 음보는 중국어 운율과 문법의 상호작용을 연구하는 데 있어 가장 중요한 첫 번째 운율의 단위로 여겨진다. 많은 운율 규칙의 수립과 운율문법 현상의 해석도 역시 음보에 의존한다. 예를 들어, 冯胜利(1996)는 복합어의 생성을 제약할 때 '음보'가 핵심이 된다고 생각하였다. 복합어는 먼저 '운율단어'이고, 운율단어는 또 음보에 의해 결정되기 때문이다. 冯胜利(1998)는 아울러 중국어에서 통사, 의미의 영향과 제약을 받지 않는 '자연음보'에 관해 특별히 연구하기도 했다.

陆丙甫·端木三(Lu & Duanmu 1991, 2002), 端木三(Duanmu 1997, 2000)은 중국어 운율문제 해결을 위한 결정적인 원칙으로 보조성분 강세 원칙을 제시했는데, 그 가운데 중국어의 1차 강세는 음보의 왼쪽 음절에 있어야 하며(좌측 강세), 그 외 '음보 쉘터(foot shelter)' 내에서는 '좌측 강세' 규칙이 적용되지 않는다고 특별히 지적했다. 이를 통해 강세와 음보가 상호 의존적이라는 것을 알 수 있다. 강세에 관한 많은 분석은 모두 음보에 의존해야 했다.

周韧(2006)은 중국어의 통사와 음운의 상호작용 관계는 음보의 층위에서 주로 나타난다고 지적했다.[5] 예를 들어 그는 중국어는 OVN형 복합어('纸张粉碎机')도 있지만, 1음절의 VON형 복합어('碎纸机')도 있다고 보았다. 그러나 전자는 언어의 보편성에 해당되고, 후자는 중국어의 특수성을 나타낸다. 중국어에 이처럼 독특하면서도 생산성이 높은 1음절 VON형 복합어가 존재하는 것은 1음절인 V와 O가 합쳐서 하나의 음보를 구성할 수 있기 때문이다. 중국어에서는 2음절 음보가 단어가 되는 경향이 강하며, 운율 기제를 통해 재분석되어 하나의 통사적 임시어가 된다.(자

---

5) 저자주: 周韧(2016)에서는 중국어 운율문법 연구가 강세에 대한 의존도를 낮추어야 하며, 음절 수를 매개로 중국어 운율과 문법의 관계를 논하는 것이 가장 직접적이고 간단하며 효과적인 수단이라고 보았다. 이를 통해 그의 관점이 바뀌었음을 알 수 있다.

세한 내용은 2장 3.3절의 관련 소개 참조)

중국어의 음보는 2음절 음보가 표준음보(default foot)이고, 그 외 3음절의 초음보(super foot)와 1음절의 결손음보(degenerate foot)가 있다. 이는 중국어 운율문법 문제를 다루는 많은 학자들의 공통된 인식이다. 하지만 이와 견해를 달리 하는 학자도 있다.

王洪君(2008: 124-125, 141)은 서양 문헌에서 일반적으로 생각하는 구조는 강약 교체인데, 음보는 한 차례 가장 작은 강약의 교체라고 지적했다. 중국어의 리듬은 강약 유형이 아닌 긴장 이완 유형이기 때문에 중국어의 음보는 내부적으로는 긴밀하고 외부적으로는 느슨한 최소 단위이다. 그가 말한 '음보'는 영어의 강약형 음보 및 이 절의 앞에서 언급한 몇몇 학자들이 강세를 기초로 만든 음보의 개념과는 다르다는 것을 알 수 있다.

张洪明(2014)은 "운율음운론의 음보 정의는 체계화된 이원적 리듬 대비 특징과 관련이 있다. 강세 언어에서 음보는 보통 하나의 강음절과 하나의 약음절로 구성되며, 강음절이 1차 강세를 가진다. 많은 음운 규칙과 음성 배열의 제약은 음보에 의존해야만 명확하게 나타낼 수 있다"라고 하였다. "한 언어에 음보라는 운율 단위가 존재하는지 여부는 단어의 층위에서 음보가 경중, 장단, 고저, 강약 등과 같은 자질의 대립을 두드러지게 하는 체계적인 이원적 리듬을 가지는가에 달려 있다. 보통화의 음운 구조는 이러한 자질의 대립을 두드러지게 하는 체계적인 이원적 리듬이 결여되어 있으므로 운율음운론적 의미의 음보는 존재하지 않는다."

沈家煊·柯航(2014)은 영어와 같은 '강세 박자 언어'에는 적어도 강약의 차이가 있는 두 개의 음절이 있어야 하나의 음보를 구성하므로 운율 위계에서 음보가 음절보다 한 단계 높은 운율 단위라고 생각했다. 반면,

중국어 리듬의 가장 기본적인 격식은 하나의 글자·하나의 휴지이다. 중국어에서 1음절 음보는 퇴화한 결손음보가 아니라 '기본음보'이고, '2음절 음보'가 파생되어 나온 음보이다. 중국어의 2음절 조합을 '음보'라고 하는 것은 일반적인 음보의 개념과 크게 다르므로, 이를 '음돈(音頓, Syllable Pause)'으로 대체하는 것이 나을 것이다.

沈家煊(2017c)은 중국어 운율위계에서 음보 층위를 빼야 한다는 점을 한층 더 분명히 주장했다. 위의 글에서 언급한 '음보'는 강과 약이 하나씩이어야 하는 반면, 중국어의 두 글자 조합은 대부분이 같은 강세라는 것이 하나의 이유이다. 또 다른 이유로는 정통 운율위계의 관점에 따르면 음절에서 음보까지 오직 음운 규칙이 작용하는 영역일 뿐, 형태-통사의 정보와는 관련이 없다는 것이 있다. 그러나 중국어는 1음절에서 2음절로 되는 '2음절화'가 전방위적인 '충실화'의 과정으로, 박자의 충실뿐만 아니라 문법, 의미, 화용의 충실과도 관련이 있다.(沈家煊 2016: 제11장 참조)

보통화를 말할 때 사람들은 아마도 '买下/那件/大红/毛衣(그 큰 빨간 스웨터를 샀다)', '中华/人民/共和国(중화인민공화국)'처럼 모두 똑같이 일부 2음절, 3음절의 경계 지점에 비교적 큰 휴지를 둘 수 가 있다. 이를 근거로 중국어에는 음절 이상의 리듬 소단원이 존재한다고 보아 음보의 층위를 만들어야 한다고 생각하는 학자들이 적지 않다. 이 가운데 가장 제약이 적은 것은 두 음절이 합쳐진 2박자 음보이기 때문에 자연음보의 음절 수는 '작아도 2보다는 작지 않고, 커도 3을 넘지 않는다(小不低于二大不过于三)'. (冯胜利 1998)

沈家煊(2017c)은 '2개 채우기(凑二)'가 확실히 중국어의 자연스러운 리듬이라고 생각하지만, 그렇다고 이것으로 반드시 음보가 만들어지는 것은 아니라고 생각하였다. 그 이유로는 앞에서 언급한 이유 외에도, 중국어는 '2개 채우기'라는 요구 외에 다음 예처럼 '4개 채우기(湊四)'의 요구도 있기 때문이다.(다음 두 예는 모두 沈家煊 2017c에서 재인용)

(54) a. 日月星辰(일월성신. 해와 달과 별)　桌椅板凳(책상과 의자와 걸상. 일반가구)　吃喝玩乐(먹고 마시고 놀다)　(세 가지 개념, 네 글자)
  b. *新旧书　新书旧书(새 책과 헌 책)　新旧图书(신구도서)
  c. *真刀枪　真刀真枪(진짜 칼과 진짜 총)
  d. 一干二净(깨끗이. 모조리)　七荤八素(7개의 육류(생선) 요리와 8개의 채소 요리. 얼떨떨하다)　三朋四友(어중이떠중이)　久而久之(오랜 시일이 지나다)　老夫老妻(노부부. 오랫동안 함께 살아온 부부)

물론 赵元任(1968/1979: 223-224)은 일찍이 4음절 복합어의 절대 다수가 [2+2] 형식의 리듬이며, [1+3] 형식 또는 [3+1] 형식을 사용하는 경우는 매우 드물다고 지적했다. [3+1] 형식의 복합어에서 3은 '自来水笔(만년필)'와 '九龙山人(구룡산인)'과 같이 아마 또 [2+1] 형식이 [1+2] 형식보다 더 많을 것이다. 赵元任은 그 이유가 [(2+1)+1]의 리듬이 [(1+2)+1]보다 [2+2] 형식에 더 가깝기 때문이라고 말했다. 이를 통해 4글자 조합은 [2+2] 형식의 리듬을 일반적인 형태로 한다는 것을 알 수 있다. 하지만 이것이 [2+2] 형식을 두 개의 표준음보로 볼 수 있다는 것을 의미하지는 않는다. 왜냐하면 위 (54)에서 보듯이, '4개 채우기'가 '두 개의 2개 채우기'와 같지 않다는 것 외에도, 중국어에서는 2음절과 1음절의 대립이 문법적 차이를 만드는 것[6]과 마찬가지로 4음절과 2음절의 대립 역시

---

6) 저자주: 1음절과 2음절의 대립으로 인한 문법차이에 대해서는 이 책에서 '种大蒜'과 '*种植蒜', '碎纸机'와 '*纸张粉碎机' 등 많은 사례들을 소개하였으므로, 여기서는 더 이상 자

문법적 차이를 만들 수 있기 때문이다. 다음 예를 보자.

(55) a. 师生多年(다년간의 사제지간)　 *老师学生多年
　　 b. *沪粤地跑　 上海广东地跑(상하이와 광둥으로 뛰어다니다)
　　 c. 洗得干干净净/一干二净/又干又净(깨끗이 씻다)　 *洗得干净(상태가 아
　　　 닌 가능인 경우만 성립)

따라서 중국어는 2글자 조합과 4글자 조합 모두 강한 음돈이다. 만약
1, 2음절의 대립과 2, 4음절의 대립으로 인한 운율과 문법 차이를 고려
한다면, 2글자 조합의 층위뿐만 아니라 4글자 조합의 층위도 만들어야
할 것이다.[7]

중국어에서는 왜 4글자의 조합이 '4자격'이 되기 위한 기본 리듬이
[2+2] 형식일까? 沈家煊(2016)은 중국어의 2글자 조합이 영어처럼 강약
대비가 편중된 [1+1] 형식(**con**duct) 또는 [1+1] 형식(con**duct**)이 아니라 균
일하고 강세가 같은 [1+1] 형식이라는 것을 근본 원인으로 보았다. 따라
서 중국어는 쉽고 편리한 모듈, 즉 두 글자로 이루어진 '2자격'을 형성하
고, 균일한 '2자격'은 또 [2+2] 형식의 '4자격'으로 확대될 수 있는 것이
다. 이 모든 것은 중국어가 한 글자가 하나의 의미를 나타내는 하나의
음절이고, 1음절 자체가 하나의 리듬 단위라는 것을 전제로 한다.(중국어
음절의 특징에 대해서는 이 책 3장 3.3절의 상세한 소개를 참조)

세히 언급하지 않기로 한다.
7) 저자주: 沈家煊(2017c)는 중국어의 음운구 층위를 위해서 2글자 조합 하위 층위와 4글자
　조합 하위 층위라는 두 개의 기본적인 하위 층위를 둘 수 있다고 명확히 지적했다. 또한,
　만약 음운의 2글자 조합 층위가 인도·유럽어의 음보 층위가 유사하다면(동일하지는 않
　다), 운율의 4글자 조합 층위는 중국어나 베트남어와 같은 언어에는 있지만 인도·유럽어
　에는 없다고 지적했다.

3.2 운율단어

운율위계에서 음보 및 그 이하의 단위는 순수 운율 단위이고, '운율단어' 및 그 이상은 사상 원칙을 기초로 비운율적 개념을 이용하여 만들어진 것으로, 운율과 형태 성분 사이의 상호작용을 나타내기 때문에 통사와 운율의 중추가 된다.

冯胜利(1996, 2001a, 2001b), 王洪君(2000), 端木三(Duanmu 2000), 吴为善(2003) 등은 모두 중국어 운율단어의 문제를 논의한 바 있다. 裴雨来(2016)는 특히 '汉语的韵律词(중국어의 운율단어)'라는 제목의 저서에서 전문으로 중국어 운율단어와 관련된 문제에 대해 논의를 진행하였다. 중국어에는 운율단어라는 층위의 운율 단위가 존재하며, 운율단어는 음보와 직결된다는 것이 기본적으로 일치된 학계의 의견이다. 하지만 운율단어의 정의에 대해서는 견해가 일치되지 않으며, 어떤 구조에 대해 운율단어인지 운율구인지의 문제에도 이견이 존재한다. 王洪君(2004, 2008)은 운율단어와 운율구 사이에 유사 운율구(운율류 단어)라는 또 다른 과도기적 층위가 존재하며, 이들 세 층위는 문법적인 고착성의 차이 외에 율격에서도 중요한 차이가 존재한다고 보았다.

세 글자 조합인 '雨伞厂(우산 공장)', '小雨伞(작은 우산)', '买雨伞(우산을 사다)'을 예로 들어보자. 일반적으로 학자들은 '雨伞厂'은 운율단어이고, '买雨伞'은 운율구라는 데는 모두 동의하지만, '小雨伞'과 같은 세 글자 조합이 운율단어인지 운율구인지에 대해서는 견해가 엇갈린다. 冯胜利(1997)는 그것이 관형어-중심어 구조의 운율구라고 본 반면, 端木三(2000)은 이를 내부 구조가 특별한 운율단어로 보았다.

王洪君(2004)은 '雨伞厂'이 단 하나의 연속 성조 유형(35-5-213)을 가지지만, '小雨伞'과 '买雨伞'은 두 종류의 연속 성조 유형을 가질 수 있다는 사실을 발견하였다. 하나는 '雨伞厂'과 마찬가지로 순방향 연속 성조인데, 이는 자주 사용되지 않는다. 더 자주 사용되는 것은 (21-35-213)식인데, 이는 내부 문법구조 [(1+(1+1))]의 순서에 따라 변조 규칙을 적용한 결과로, 말할 때 실제로 나타나는 선후 순서와는 반대인 역방향 연속 성조이다.

그러나 동시에, '买雨伞'과 '小雨伞'은 휴지와 음역의 수렴에서 또 다른 중요한 차이가 존재한다. 첫째, 더 큰 조합 안에서 '小雨伞'은 내부에 휴지가 있더라도 외부의 휴지보다 더 클 수는 없다. 반면, '买雨伞'에서 내부 동사와 목적어 사이의 휴지는 일반적으로 술목 전체와 외부 성분 사이의 휴지보다 더 크다. 둘째, 더 큰 조합 안에서 '(买小)(雨伞)'과 '(想买)(雨伞)'처럼 두 음보로 분열될 때, '小雨伞'은 좌측에 강세가 있지만, '买雨伞'은 우측에 강세가 있다.

따라서 王洪君은 '小雨伞'과 '买雨伞'을 구분하지 않고 모두 운율구라고 할 수는 없으며, '小雨伞'은 '운율류 단어'로 귀속시켜야 한다고 주장하였다.

沈家煊·柯航(2014), 沈家煊(2017)은 중국어에는 운율단어라는 단위 역시 존재하지 않는다고 주장하였다. 왜냐하면 운율단어의 정의에 따르면, 운율단어는 통사(형태)구조로 사상(mapped onto)되어야 하기 때문이다. 그런데 赵元任(Chao 1975)은 일찍이 중국어에서 문법단어는 지위가 불분명하여 영어의 word 층위에 해당하는 단위가 없으며, 다양한 정도의 수많은 '유사단어(像词)'의 글자 조합만 있을 뿐이라고 지적하였다. 예를 들어 '尺寸(치수), 大小(크기), 咸甜(달고 짠 정도)'은 단어 유사성 정도가 차례로 낮아진다.

王洪君(1994)은 모든 두 글자 조합에 대해 세밀한 분석을 한 결과, 두 글자 조합의 긴밀도('단어성'의 강약)가 하나의 비이산(非离散)적인 '서열'을 형성한다는 것을 발견하였다. 이 중 소수의 조합만이 고정된 '경성단어'를 형성하는데, 이는 하나의 리스트로 나열할 수 있다. 呂叔湘(1979: 19-26)도 문법단어를 판정하기 위해서는 다양한 기준을 제시할 수 있으며, 기준의 선택과 배열에 따라 여러 가지 다른 결과가 나올 수 있다고 지적했다. 이는 '유사 단어'의 정도 차이는 단어와 구 사이에 중간 단계(이합사, 구단어, 통사단어)를 두는 것으로 문제가 해결되는 것이 아님을 의미한다. 중국어에서 문법단어의 지위가 명확하지 않으면, 운율단어는 사상의 목표를 잃게 된다.

앞에서 기술한 '小雨伞'의 운율 단위 귀속에 관한 논쟁은 사실 중국어에서 '단어'와 '구'의 구분이 없다는 것과 밀접한 관련이 있다. 통사적으로 '小雨伞'도 역시 구 같기도 하고, 단어 같기도 한 특징을 나타낸다. 예를 들어 '*很小雨伞'은 성립하지 않는데, 이는 관형어 '小'와 '雨伞'의 관계가 전형적인 구인 '小的雨伞'('很小的雨伞'이라고 할 수도 있다)과 다르다는 것을 의미한다. 그런데 '小红雨伞(작은 빨간 우산)'을 '*红小雨伞'이라고 할 수 없는 것은 또 '小雨伞'이 전형적인 단어인 '小豆(팥)'('红小豆'라고 해야 한다)와는 다르다는 것을 설명한다.

沈家煊·柯航(2014)은 음보가 없으면 운율단어도 없고, 운율단어라는 층위도 없다고 보았다. 이는 역으로 중국어는 그 수를 정확히 확정하기 어려울 만큼 많은 3음절, 4음절, 5음절, ……등 운율단어의 단계가 있다고 말할 수 있다. 중국어의 운율위계는 아주 간단히 '음절-음돈(音顿)'으로 말할 수 있으며, 음절을 직접 조합하여 다양한 긴밀도의 음돈을 만들 수 있다. 沈家煊(2017c)은 중국어의 운율위계를 다음과 같이 새롭게 제시했다.

(56) 중국어의 운율위계:

음운구(글자 조합)

↓

운율자(음절)

중국어는 운율자와 음운구의 두 층위만 있다는 것이 '음절-음보-운율 단어-음운구'라는 보편적인 운율위계에 반하는 것처럼 보인다. 하지만 그렇다고 이것이 특수한 예는 아니다. Thomas(1962: 521)는 일찍이 음절과 음운단어 사이에 반드시 있어야 하는 중간 단위는 존재하지 않는다고 생각했다. Shiering(2010)은 베트남어에서 운율단어와 음보라는 두 가지 층위는 불필요하다는 것을 논증했다. 연구자들은 Limbo어(네팔의 동 Kiranti 어, 한장어(汉藏语)과에 속함), Chichewa어(아프리카 말라위 반투어의 일종)에 대한 연구에서도 비슷한 현상을 발견하였다.

王洪君(2008: 278)은 Nespor & Vogel의 모형인 '발화-어조구-운율구-접 어군-운율단어-음보-음절-모라'의 각 단위는 영문법과 운율이라는 두 가지 방면의 표현을 합쳐서 도출한 것이라고 소개했다. 이 위계에 운율 단어와 운율구는 있지만 운율형태소는 없는데, 그 이유는 영어의 형태소 가 고정된 운율 표지를 가지지 않기 때문이다. 이는 운율위계의 설정도 언어에 따라 차이가 있다는 것을 보여준다.

윗글에서 기존의 중국어 운율과 문법의 상호작용 연구에서 많은 규칙 들이 운율단어와 음보라는 두 층위의 운율 단위를 기초로 세워졌다고 언급했다. 沈家煊(2017c)은 현대중국어에서 2음절 조합은 강한 음돈이고, 말을 할 때 앞쪽 강세의 경향이 있다고 보았다. 경성단어는 부분적으로 정형화되어 있고, 강약-약강과 단어-구는 편측 대응의 관계에 있으며, 강약격은 일반적으로 ''煎.饼(전병)'처럼 단어이고, 약강격은 '煎'饼(전병/전병을 굽다)'과 같이 단어나 구가 모두 될 수 있다는 것이다. 이러한 현상은 "보일 듯 말 듯한 음보 층위와 운율단어 층위가 떠오르고 있음을 보여준다. 그러나 운율과 문법의 중추로서 중국어 음절의 지위가 변하지 않고, 각각의 음절이 모두 의미를 가지며, 약하게 읽는 음절도 일정한 조건 하에서 모두 본래의 성조를 회복할 수 있는 한, 이러한 음보 층위와 운율단어 층위가 실제로 수면 위로 드러나기는 어려울 것이다."

3.3 중국어의 음절

다음으로 운율위계와 운율문법 연구에서 중국어의 음절이 갖는 지위에 대해 간단히 살펴보기로 하자.

운율위계 모델에서 일반적으로 운율단어가 통사와 운율의 중심이라고 생각하는데, 이 층위에서부터 위쪽으로의 운율 단위는 형태론과 통사론을 다루게 된다. 음절은 "사람들이 말을 할 때 자연스럽게 변별이 가능한 가장 작은 음성 구조의 단위"(張洪明 2014)이며, 음운 규칙이 작용하는 영역으로 통사와 직접적인 관계를 맺지 않는다. 이러한 견해는 영어에는 적용이 가능하다. 왜냐하면, 영어의 형태소는 강세와 무관하고, 고정적인 음절 수가 없기 때문이다.

영어의 문법단어(문장을 구성하는 가장 작고 독립적인 단위)는 일반적으로 음운단어이다. 문법단어는 일반적으로 모두 그 자체의 단어강세를 가지고,

일정한 음절 경계와 mora 구조를 가지고 있다. 일부 소수의 경우에, 예를 들어 극소수의 문법단어는 단어강세를 가지지 않기도 하고(관사 the, a, 전치사 in ,on 등), 불변화사(小品词)는 실사와 결합하여 하나의 단어강세 구역 등이 되기도 하는 등 영어의 음운단어와 문법단어가 완전히 일치하는 것은 아니다. 그러나 체계적인 연관성의 관점에서 보면 영어의 단어는 한 층위의 음운 단위이면서 한 층위의 문법 단위라고 충분히 말할 수 있기 때문에 운율위계 모델에서 이러한 예외적 상황을 제외한 음운-문법 단위를 층위를 뛰어넘는 '운율단어'로 정의한다. 영어의 일반적인 어휘 중에 음운단어, 문법단어, 운율단어는 모두 word로 지칭할 수 있다. 이 밖에 word는 표기상 앞뒤 빈칸으로 분리된 자음과 모음 무리를 의미하기도 하는데, 이때는 문자 단위의 의미가 있다.(王洪君 2008: 323-324)

하지만 중국어는 영어와 큰 차이가 있다. 현대중국어에서 '词(단어)'는 지위가 불분명하고, 문법단어는 그 자체의 전용 운율 표지가 없으며, 영어의 word와 대등한 하나의 층위로서의 문법 단위는 없고 정도가 다양한 여러 가지 '유사 단어'의 글자 조합만 있다.(Chao 1975) 따라서 운율단어를 중국어 운율통사 연구의 접점으로 삼는 것은 많은 번거로움에 직면하게 되었다.

중국어에서는 절대다수의 형태소가 하나의 음절, 하나의 의미이므로, 음운 단위와 문법 단위의 접점이 음절에 있어야 한다. 중국어의 일반어휘 가운데 '字(글자)' 역시 세 가지 용법이 있다. 첫째는 문법적으로 하나의 음절과 하나의 의미의 결합체라는 것이고, 둘째는 음성적으로 하나의 음절이라는 것이고, 셋째는 문자 단위라는 것인데, 이 점에서 '字'는 영어의 word의 용법과 완전히 같다. 동일한 글자인 '字'로 음운과 문법, 문자의 단위를 각각 지칭할 수 있다는 것은 중국어는 세 단위가 역시 '字'의 층위에서 대체로 일치하기 때문이다. 따라서 王洪君(2008: 324)은 중국어의 형태소와 음절을 모두 '字'라고 주장하면서, 형태소를 '문법자(語法字)', 음절을 '음운자(音系字)'라고 칭하였다. 또 형태소와 음절이 일치하지 않는 소수의 특수한 경우를 제외한 의미가 있는 1음절은 특별히 '운율자'라고 칭하였다.

王洪君은 음운 단위와 문법 단위와 대체로 일치하는 접점은 모국어 화자의 의식에서 경계가 명확하고 '원형성'을 가진 단위라고 보았다. 영어에서 이 접점은 '단어(word)'이기 때문에 영어가 모국어인 화자에게 '한 단어 한 단어씩 천천히 말하라'고 요구하면, 어디에서 잠깐 멈추어야 하는지는 문맹자라도 알 수가 있다. 그런데 중국어에서는 이 접점이 '字'이기 때문에 중국어를 모국어로 하는 화자는 쉽게 '한 글자 한 글자씩 천천히 말할 수가 있는 것'이다.

沈家煊(2017c)도 중국어의 운율위계를 논할 때 중국어는 각각의 음절이 의미를 가지므로 '字'라는 명칭을 사용하는 것이 더 적합하다고 보았다. '음절'이라는 표현을 쓰는 것은 단지 구설을 답습하는 것에 불과하다.

중국어 운율위계에 있는 '음절'을 '字' 또는 '운율자'로 개칭하는 것은 단순히 명칭을 바꾸는 것이 아니라 중국어 운율문법의 특징에 대한 완전히 새로운 이해를 의미한다. 영어는 '단| 음절', '쌍| 음절'로, 음절은 단지 한 층위의 음운 단위에 불과하다. 하지만, 중국어는 '단음| 절', '쌍음| 절'로, 하나의 1음절 글자가 바로 리듬의 단위이자 문법의 단위가 된다. 중국어의 리듬을 유지하기 위해서는 문장의 글자 수를 제한해야 한다. 중국어 운율문법의 특징을 연구하기 위해서는 '字'라는 단위의 중추

적인 역할을 중시해야 한다. 왜냐하면 중국어의 구성과 운영은 '字'를 기본 단위로 하고, '字'는 '形(형태)-音(음성)-义(의미)-用(용법)'의 결합체이기 때문이다.(沈家煊 2017b) 중국어에서 '음절-형태소-글자'라는 대응의 기본 구조를 중시하고, 이를 바탕으로 해결방안을 구축하는 것만이 중국어 운율문법의 문제를 해결하는 핵심이 될 것이다.(周韌 2016)

제4절 소결

본 장에서는 중국어의 리듬 특성 및 중국어 운율위계 구성이라는 두 가지 측면에서 관련 연구들을 소개하고 중국어와 영어의 차이점을 설명하였다.

먼저, 리듬의 특징으로 보면 영어는 강세가 있는 언어이다. 단어강세는 어휘 전체를 포괄하고 예측이 가능하기 때문에, 영어의 리듬은 강약의 제약을 받는다. 반면, 중국어는 명확한 단어강세가 없고, 심지어 단어와 구의 구분조차 어렵다. 중국어는 1음절이 활성화되어 있고, 대부분이 완전한 성조를 가지고 있어서 하나의 글자와 하나의 휴지가 합쳐서 곧 리듬이 되므로, 중국어의 리듬은 긴밀도의 제약을 받는다. 중국어의 운율문법 현상을 강세 규칙으로 설명했던 과거의 이론은, 중국어 강세를 감지할 수 없어서 강세의 표현을 음절의 길이로 귀결시킴으로써 사실상 문제를 더욱 복잡하게 만들었다. 중국어에도 경성단어가 있지만, 경성단어는 중국어 어휘 체계의 주류가 아니다. 이처럼 비중이 작은 존재를 근거로 삼아 중국어도 영어와 마찬가지로 단어강세가 있는 언어라고 판단

할 수는 없다. 방법론적인 측면에서 이것은 '주와 객을 분명히 구분하는 것'이다.

　다음으로, 서양 학자들이 창안한 운율음운론은 인간 언어에 보편적으로 적용되는 운율위계로 '음절-음보-운율단어-음운구'를 가정하였으며, 그 중에 '운율단어'는 운율과 통사를 연결하는 중추가 된다고 보았다. 그러나 중국어는 1음절을 기본으로 하는 언어이고, 각 음절의 강세가 기본적으로 같기 때문에 중국어의 2음절은 강약을 바탕으로 한 영어의 음보와는 다르고, 두 글자 조합도 단순히 운율단어라는 층위에 대응될 수는 없다. 중국어에도 자연적인 특징을 반영할 수 있는 운율위계가 존재한다. 어떤 단위가 영어의 운율위계에 있다고 해서 중국어에도 반드시 이에 대응하는 단위를 찾을 수 있는 것은 아니며, 중국어에 없는 것을 억지로 비교할 수도 없다. 이것은 '최대한 간소화'하고, '지나친 생성'은 하지 않는 것이다.

　'최대한 간소화하는 것'과 '주와 객을 구분하는 것'은 沈家煊(2017d)에서 제시한 언어 연구의 두 가지 기본 원칙이다. 중국어 운율문법 연구에 있어 이 두 가지 원칙을 고수하는 것은 매우 중요하다. 왜냐하면 운율음운론이 영어 등의 인도·유럽어에 대한 연구에서 출발하였는데, 과거 중국어의 운율문법 연구는 이론과 분석 방법에 있어 서양의 운율음운론을 주로 차용하였기 때문이다. 그러나 중국어와 영어는 결국 서로 다른 언어이다. 만약 위의 두 가지 원칙을 바탕으로 한 과학적인 비교를 하는 것이 아니라 중국어를 가지고 단순히 영어와 비교한다면, 그 연구는 적지 않은 시행착오를 겪게 될 것이다.

제
4
장

'대문법(大语法)'
-중국어 운율문법에
대한 반성

'대문법(大语法)'-중국어 운율문법에 대한 반성

제1장에서 소개한 바와 같이, 전통 언어학과 구조주의 언어학에서 언어 현상을 분석할 때 주장하는 평면 분할 원칙에서부터 생성언어학의 평면 상호작용(平面互动)에 이르기까지는 언어 사실을 향해서 언어 연구가 수행해 온 조정이자 진보이다. 그러나 주류 문법 이론의 시종일관 변하지 않는 기본 관점은 음성과 의미, 문법이 그 자체로 세 개의 독립된 모듈이며, 핵심적 위치에 있는 문법 부분을 처리한 후 도출한 결과를 음성 부분에 입력하여 읽기를 진행하고, 의미 부분에 입력하여 의미를 해독한다는 것이다. 문법과 음성 사이에는 하나의 겹치는 부분인 경계면(interface)이 있는데, 문법과 음성은 여기에서 상호작용을 한다. 그런데 '통사는 음성의 제약을 받지 않는다(句法不受语音制约)'는 가설에 대해 冯胜利(2011b)에서 여러 가지 의문을 제기하는 등, 운율과 통사가 무엇이 무엇을 제약하는가에 대해서는 아직도 논쟁이 존재한다. 그러나 전반적으로 말하면, 과거 중국어 운율문법 연구도 기본적으로는 역시 '경계면 이론(Interface Theory, 界面理论)'의 가설을 따랐다고 하겠다.

이에 沈家煊(2016: 제11장, 2017b, 2017c)은 언어 연구는 일률적으로 하나의 모델을 기준틀(reference frame)로 삼는 것이 아니라 실제의 언어를 연구해야 한다고 주장하였다. 인도·유럽어(영어)에 적용되는 '경계면 이론'

이 중국어에도 반드시 적합한 것은 아니다. 왜냐하면 인도·유럽어와 중국어는 특징이 다르기 때문이다.

영어는 명사와 동사의 구분을 중시하는 명동분립(动名分立) 유형으로, 음절 수가 문법에 미치는 영향이 제한적이다. 반면, 중국어는 명사가 동사를 포함하는 '명동포함(名动包含)' 유형으로, 명사와 동사의 구분보다 1음절과 2음절의 구별이 더 중요하다. 예를 들어, '房屋(주택)'은 명사이고, '出租(임대하다)'는 동사이지만, 다른 성분의 도움이 없으면 '出租房屋(주택을 임대하다/임대주택)'가 술목 구조인지 아니면 관형어-중심어 구조인지를 알 수가 없다. 마찬가지로 '耕(밭을 갈다)'은 동사, '田(밭)'은 명사인데, 다른 성분의 도움이 없으면 '耕田(밭을 갈다/간 밭)'이 술목 구조인지 아니면 관형어-중심어 구조인지 알기가 어렵다. 그런데 음절 수를 바꾸어 1음절과 2음절을 서로 조합한 [2+1] 형식의 '出租房(임대주택)'과 '轮耕田(윤작 농지)'은 십중팔구 술목 구조가 아니라 관형어-중심어 구조이고, [1+2] 형식의 '租房屋(주택을 임대하다)', '耕农田(농지를 경작하다)'은 틀림없이 관형어-중심어 구조가 아니라 술목 구조일 것이다. 3음절 조합에서 관형어-중심어 구조는 [2+1] 형식이 일반적인 형태이며, 관형어가 명사인지 아니면 동사인지는 상관이 없다. '鞋帽店(신발 모자 가게)'의 '鞋帽(신발과 모자)'는 명사이고, '出租房'의 '出租(임대하다)'는 동사이다. 또 중심어가 명사인지 여부와도 상관이 없어서, '三级跳(3단 뛰기)', '安乐死(안락사)', '鸳鸯配(잉꼬커플)', '姐弟恋(연상연하 커플:여자가 남자보다 나이가 많은 연인)'의 중심어는 모두 1음절 동사이다. 서술어-목적어 구조는 [1+2] 형식을 일반적인 유형으로 하는데, 목적어는 명사와 동사 모두 모두 2음절은 좋으나 1음절은 좋지 않다. 예를 들면,. '比长跑(장거리 달리기 시합을 하다) ─ *比试跑',

'谈买卖(흥정을 하다) ─ *谈判买', '租房屋(주택을 임대하다)─?出租房', '买粮食(양식을 사다) ─ *购买粮'의 목적어에 대해 동사와 명사의 차이가 영향을 미치지 않는다.

과거 인도·유럽어 '명동분립(动名分立)'의 시각에 입각한 견해는, 1음절 동사는 원래 명사성(名性)이 없으며 2음절화 이후에야 비로소 명사성을 획득하므로 2음절화의 문법적 기능은 '동사의 명사화(动词名化)'라는 것이다. 하지만 사실 '1음절 동사도 명사성을 가지며', 관형어의 수식을 받는 중심어('窝里反(둥지 안의 반기:집안의 내분), 秋雨吟(가을비의 노래), 欧洲游(유럽 여행), 百日咳(백일해:100일간의 기침), 习马会(승마를 배우는 모임))'와 관형어('躺椅(누울 수 있는 의자), 遥杆(컨트롤러:멀리서 조종하는 막대기), 睡床(침대), 挂钩(거는 갈고리), 插图(끼워 넣은 그림), 拉面(길게 늘여서 만든 국수)')'가 될 수 있다. 이와 동시에, '1음절 명사가 2음절화 된 후에도 역시 명사성이 증가할 수 있다'. 예를 들어, 고대 중국어에서 '车水(물을 수차로 끌어올리다)', '坑之(그것을 구덩이에 묻다)', '妻之(그 여자를 아내로 삼다)', '树德(덕행을 쌓다)', '母天下(천하 사람들에게 어머니가 되다)' 등의 용례들 가운데 1음절 명사 '车(수차로 끌어올리다)', '坑(묻다)', '妻(아내로 삼다)', '树(쌓다)', '母(어머니가 되다)'는 모두 술어가 되어 목적어를 가지지만, 이들의 2음절 형식인 '汽车(자동차)', '车辆(차량)', '泥坑(진흙 구덩이)', '妻子(아내)', '树木(나무)', '母亲(어머니)'는 이러한 동사 용법이 사라졌거나 약화되었다. 이를 통해 2음절화 과정은 곧 '동사성이 감소하고, 명사성이 증가'하는 것이며, 이는 2음절화의 속도만 다를 뿐 명사와 동사 모두에게 해당된다는 것을 알 수 있다.

형태변화가 있는 언어는 일반적으로 단어와 구를 구분하는 것이 대체로 쉽지만, 중국어는 단어와 구의 구분이 어렵다. 1음절과 2음절 조합의

각도에서 보면 단어와 구 사이의 조합의 긴밀도 차이가 더욱 잘 나타난
다. 柯航(2007)과 沈家煊(2012b)은 이를 '긴밀 도상성' 원칙, 즉 구조적 관계
의 긴밀도 차이(단어는 긴밀하고, 구는 느슨하다)는 1음절과 2음절 조합의 긴
밀도 차이([2+1] 형식은 긴밀하고, [1+2] 형식은 느슨하다)와 대응하거나 유사한
것으로 요약하였다.

이를 통해 형태변화가 있는 언어에서는 보통 형태를 통해서 구별되는
개념이 중국어에서는 주로 1음절과 2음절에 의해 구분되므로, 중국어에
서 1, 2음절은 단순한 음절 수의 문제가 아니라 종합적인 형태수단으로
볼 수 있다는 것을 알 수 있다.

이는 중국어의 음절 특성과 관련이 있다. 이 책의 3장 3.3절에서 언급
했듯이, 중국어는 기본적으로 한 음절이 한 글자이고, 하나의 의미를 나
타내기 때문에 중국어의 음절은 영어의 syllable과는 달리 일반 어휘의
'字(글자)'로 지칭함으로써 차이를 나타낸다. 중국어를 구성하고 사용할
때는 모두 字를 기본 단위로 하고 있으며, 字는 '形(형태)-音(음성)-义(의
미)-用(용법)'의 결합체이다. 이는 분석할 수는 있지만 분리를 할 수는 없
는데, 그 이유는 분리를 하게 되면 字의 완전성이 파괴되기 때문이다. 따
라서 중국어의 음성, 의미, 문법의 세 층면은 뚜렷하게 분리되어 독립된
것이 아니다. 중국어의 문법은 하나의 '대문법(大语法)'으로, 운율과 의미
(광의의 '의미'에는 '화용'이 포함된다)를 포함한다. 이로써 인도·유럽어의 운
율문법은 운율과 문법이 교차하는 경계면(交界面)에 주목하는 반면, 중국
어의 운율문법은 '대문법'의 하위 부류로, 양자의 차이는 아래와 같이
도식화할 수 있다.(아래 그림은 沈家煊 2017b에서 재인용)

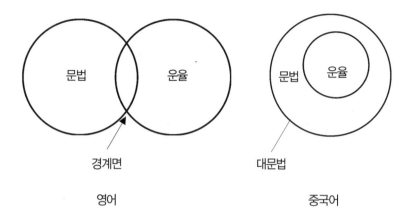

중국어의 음성, 의미, 문법은 명확하게 분리된 것이 아니므로 이들 간의 연결은 경계면에 의존하지 않으며, 그에 따라 당연히 경계면 이론도 중국어에는 적용되지 않는다. 그렇다면 이들 3자는 어떤 방식으로 연결된 것일까? 沈家煊(2012b, 2016)은 중국어의 음성, 의미, 문법의 연결이 '긴밀도와 허·실(松緊虛実)'에 의존하는 사상 대응 관계(映射対応关系)('허실 도상성(虛実象似)'이라고도 칭함)라고 보았다. 이는 구체적으로 다음과 같이 개괄할 수 있다.

(57)

음성의 긴밀도와 허·실	1음절 박자는 공허하고 느슨하나, 2음절 박자는 실질적이고 긴밀하다. [1+2] 공허하고 느슨 / [2+1] 실질적이고 긴밀 [X'X] 공허하고 느슨 / [X.X] 실질적이고 긴밀
문법의 긴밀도와 허·실	구는 공허하고 느슨하나, 복합어는 실질적이고 긴밀하다.

	술목 구조는 공허하고 느슨 / 관형어-중심어 구조: 실질적이고 긴밀 동사는 공허하고 느슨 / 명사는 실질적이고 긴밀
의미의 긴밀도와 허 · 실	1음절어의 의미는 단순하나, 2음절어의 의미는 풍부하다.
화용의 긴밀도와 허 · 실	1음절어는 임의적이나, 2음절어는 안정적이다.

　이완과 긴장(松緊), 공허한 것과 실질적인 것(虛實)은 서로 통하기 때문에 음성과 문법, 의미, 화용에서의 긴밀도와 허 · 실(松緊虛實)도 이와 유사하게 대응한다.

　음성에서 [1+2] 형식은 공허하고 느슨하며, [2+1] 형식은 긴밀하고 실질적이라는 것과 [X′X] 구조는 공허하고 느슨하며, [X.X]는 긴밀하고 실질적이라는 것에 대해서는 이미 이 책 2장 4절과 3장 2절에서 각각 소개한 바 있다. 그런데 왜 1음절의 박자는 공허하고 느슨하며, 2음절의 박자는 긴밀하고 실질적인가? 중국어는 '음절 박자 언어'이기 때문에, 만약 박자가 같은 길이라면 2음절어는 1음절어에 비해 긴밀하므로, 1음절 박자는 공허하고 느슨하고, 2음절 박자는 긴밀하고 실질적이다.

　문법적으로 '동사는 공허하고 느슨하며, 명사는 긴밀하고 실질적'이라는 것도 결코 이상하지 않다. 명사는 실질적이고, 동사는 공허하다는 것은 옛사람들이 줄곧 가지고 있던 견해이다. 청대 袁仁林(?~?)은 『虛字说(허자설)』[1]에서 명사가 동사가 되는 것을 가리켜 '실사가 허화(虛化)되어

---

1) 역자주: 문언 허사에 대해 설명한 저서.

사용된 것(实词虚用)'이라고 칭하였다. 인지언어학적의 관점에서 보면, 동사를 주어나 목적어로 사용하는 경우는 바로 추상적이고 변화가 많은 동작을 구체적이고 실제적인 사물로 간주하는 것이다. 이는 다시 말해 '공허한 것을 실질적인 것으로 보는 것(视虚为实)'이다. 복잡한 개념은 '압축화(紧凑化, compact化)', 즉 하나의 총체로 압축시킨 후에야 비로소 그 개념에 대해 이름을 붙일 수가 있다. 이러한 점에서 고금의 관점은 서로 통한다.

의미에서 허실(虚实)은 단어의 의미가 정교하고 세밀할수록 함의는 더 풍부해지고, 의미는 더욱 더 실질적이 되는 것으로 나타난다. 2음절화는 단어의 의미를 더욱 정교하고 풍부하게 하는 작용을 한다.

'허실 도상성(虚实象似)'을 의미에서 화용으로 확장하면, 단어 의미의 '공식(正式)'과 '비공식(非正式)'의 화용적 차이도 역시 일종의 '허실의 차이(虚实之别)'로 볼 수 있다. 공식적일수록 사람들의 느끼는 무게감이 크고 실질적이다. 예를 들면, 2음절인 '批判(비판하다)'이 '批(비판하다)'보다 공식적이다. '打算(…할 작정이다)'과 '规划(계획하다)'을 비교하면 전자는 비교적 임의적인 계획을 말하고, 후자는 공식적인 계획을 말하므로, '规划'가 '打算'보다 더욱 실질적이기 때문에 명사에 더 가깝다.(陆丙甫 2012)

음성과 의미, 문법, 화용 사이에는 '긴밀도와 허실'에 바탕을 둔 도상성 관계가 존재한다. 그런데, 沈家煊은 이러한 도상성이 일대일 대응 관계가 아니라 '편측 대응(偏侧对应)'('왜곡된 대응(扭曲对应)이라고도 하며, 비대칭 대응을 말함')이기 때문에 일종의 상대적인 도상성이라고 보았다.

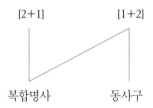

[2+1]   [1+2]

복합명사   동사구

[2+1] 형식은 대부분 복합명사만 구성하는 반면, [1+2] 형식은 동사 구를 구성하기도 하고 복합명사를 구성하기도 하는데, 이것이 바로 일종 의 편측대응이다. 중국어에서의 편측대응 현상은 매우 흔한데, 沈家煊 (1999b)에서는 여러 가지 다양한 편측대응 현상에 대해 논하고, 아울러 그것과 문법 변화 사이의 관계를 설명한 바 있다.

沈家煊은 '경계면 이론'은 중국어에 적합하지 않으며, '음성, 의미, 문 법 간 '긴밀도와 허·실' 도상성에 기초한 편측대응 관계가 '사상 이론 (映射理论)'을 설명한다고 보았다.

물론, '허·실 도상성'의 편측대응은 음절 조합과 문법 간의 연결에 대해 경향성만을 예측할 수 있게 한다. 이러한 예측은 'A가 성립하면 B 도 성립하지만, 그 역은 성립하지 않는다.'와 같은 '일방향 함축식(单向蕴 含式)'으로 설명할 수 있다. 경향성에 대한 예측은 일종의 '약한 예측'으 로, '규칙'이라 할 만큼 강하지는 않지만, 그렇다고 비과학적인 것은 아 니다. 왜냐하면 이는 거짓을 입증할 수도 있고, 충분한 해석도 가능하기 때문이다. 赵元任(Chao 1959)은 "운율 자질과 [문법]구조 사이에 일종의 상 당히 단순한 대응 관계가 있을 것이라고 기대하지 말라(不要期望韵律特征和 [语法]结构之间会有一种十分简单的对应关系)"며, 언어 현상에서 체계성과 대칭성 을 찾기 위해 "너무 멀리 가지 말라(走得太远)"고 연구자들에게 경고하고 있다. 언어 체계의 개방성과 변동성으로 인하여 문법 연구가 추구하는 '분수에 맞는(不过分)' 목표는 언어 사실에 대해 이러한 '약한 예측'을 하는 것이어야 할 것이다.(沈家煊 2004)

중국어 운율문법 연구는 1음절과 2음절 조합의 차이에 대한 吕叔湘의 논의로부터 시작되었다. 이후 수 십 년간의 토론을 거치면서 중국어의 많은 언어 사실에 대해 더욱 깊이 있게 이해하게 되었다. 이 과정에서 端木三, 冯胜利 등 여러 학자들이 앞장서서 외국의 운율음운론을 운용하여 중국어 운율문법 연구에 많은 중요한 생각의 실마리를 제공함으로써 국내 여러 연구자로부터 호응을 얻었다. 특히, 冯胜利는 운율통사론(韵律句法学)이라는 학문 영역을 명확하게 제시하였으며, 아울러 운율통사에 관한 많은 글을 집필함으로써 이 학문 영역의 발전을 크게 촉진하였다.

연구의 깊이가 더해짐에 따라 연구자들은 또한 영어에 적용되는 분석 수단(강세, 품사, 단어-구의 구분)이 중국어에는 적합하지 않다는 것을 종종 발견하게 되었다. 이는 중국어의 문법 특징 및 중국어 문법과 운율의 관계에 대한 일부 학자들의 새로운 인식을 불러왔다.

沈家煊은 「汉语'大语法'包含韵律」(2017)이라는 글의 한 단락에서 이러한 연구가 진행되어 온 과정을 생생하게 묘사하였으며, 중국어 운율문법의 발전 방향을 제시하였다. 필자는 여기에 이 단락을 인용함으로써 책을 마무리하고자 한다.

운율의 아름다움, 그 아름다움은 비할 상대가 없다. 费孝通 선생은 일찍이 동서양 문화의 공통점과 차이점을 정리하여 '각기 자신의 아름다움을 아름 답다고 여기고, 남의 아름다움을 아름답다고 여기면, 아름다움과 아름다움 이 함께 어우러져 세상이 하나가 된다'고 하였다. 과거 우리는 '남의 아름다

움을 아름답다고 여겨서' 강약이 긴밀함과 느슨함을 제약(轻重控制松紧)하는
영어 운율의 아름다움을 깨닫게 되었다. 이러한 생각을 가지고 중국어의 운
율을 설명함으로써 상당한 성과를 거두었고, 깊이 있게 연구해야 할 많은
문제 또한 발견하였으니, 앞으로도 계속하여 '남의 아름다움을 아름답다고
여겨야' 하겠다. 그렇지만 운율문법의 연구를 촉진하기 위해서는 '각자 자신
의 아름다움을 아름답다고 여기는 것'을 홀시하지 말고 중국어 자체가 가지
고 있는 운율의 아름다움을 중시해야 한다. 이를 통해 '아름다움과 아름다
움이 함께 어우러져 세상이 하나가 되는' 것에 도달할 수 있을 것이다.

(韵律之美, 其美无双。费孝通先生曾总结中西文化的异同, 说'各美其美, 美人之
美, 美美与共, 天下大同'。过去我们'美人之美', 领会英语以轻重控制松紧的韵律之
美, 并且试着采用这种思路来解释汉语的的韵律, 取得了一定的成绩, 发现了不少
有待深入研究的问题, 今后还要继续'美人之美', 然而, 要推进韵律语法的研究, 我
们不要忽视'各美其美', 要重视汉语自身的韵律之美, 这样才能达到'美美与共, 天下
大同'。)

참고문헌

包智明·侍建国·许德宝, 1997, 『生成音系学理论及其应用』, 北京: 中国社会科学出版社.

蔡莲红·吴宗济·蔡锐·陶建华, 2001, 「汉语韵律特征的可计算性研究」, 『新世纪的现代语音学·第五届全国现代语音学学术会议论文集』,, 北京: 清华大学出版社.

陈刚·沈家煊, 2012, 「从"标记颠倒"看韵律和语法的象似关系, 『外语教学与研究』第4期.

陈玉洁, 2006, 「联系项居中原则与 N1VN2(NP)结构, 『世界汉语教学』第2期.

程工, 2005, 「汉语"者"字合成复合词及其对普遍语法的启示, 『现代外语』第3期.

崔四行, 2009, 『三音节结构中副词, 形容词, 名词作状语研究』, 北京语言大学博士论文.

董秀芳, 1998, 「述补带宾句式中的韵律制约」, 『语言研究』, 第1期.

端木三, 1997, 「从汉语的重音谈语言的共性与特性」, 『中国语言学论丛(黄正德等主编)』, 第1期, 北京: 北京语言文化大学出版社.

端木三, 1999, 「重音理论和汉语的词长选择」, 『中国语文』第4期.

端木三, 2000, 「汉语的节奏」, 『当代语言学』第4期.

端木三, 2007, 「重音, 信息和语言的分类」, 『语言科学』第5期.

端木三, 2014, 「重音理论及汉语重音现象」, 『当代语言学』第3期.

端木三, 2016, 『音步和重音』, 北京: 北京语言文化大学出版社.

冯胜利, 1996, 「论汉语的韵律结构及其对句法构造的影响」, 『语言研究』第1期.

冯胜利, 1997, 『汉语的韵律, 词法和句法』, 北京: 北京大学出版社. 2009年第2版.

冯胜利, 1998, 「论汉语的"自然音步"」, 『中国语文』第1期.

冯胜利, 2000, 『汉语韵律句法学』, 上海: 上海教育出版社.

冯胜利, 2001a, 「论汉语"词"的多维性」, 『当代语言学』第3期.

冯胜利, 2001b, 「从韵律看汉语词语分流之大界」, 『中国语文』第1期.

冯胜利, 2005, 『汉语韵律语法研究』, 北京: 北京大学出版社.

冯胜利, 2011a, 「韵律句法学研究的历程与进展」, 『世界汉语教学』第1期.

冯胜利, 2011a, 「句法真的不受语音制约吗」, 『汉语学习』第6期.

冯胜利, 2015, 「正是方兴未艾时――从汉语的核心重音看韵律语法学的最新发展」, 载冯胜利主编 『汉语韵律语法新探』, 上海: 中西书局.

冯胜利, 2016a, 『汉语韵律语法答问』, 北京: 北京语言大学出版社.

冯胜利, 2016b, 「北京话是一个重音语言」, 『语言科学』第5期.

顾 阳·沈 阳, 2001,「汉语合成复合词的构造过程」,『中国语文』第2期.

郭绍虞, 1938,「中国语词之弹性作用」,『燕京学报第 24期. 又载『照隅室语言文字论集(郭绍虞文集之二)』, 上海: 上海古籍出版社1985年版.

何元建, 2004,「回环理论与汉语构词法」,『当代语言学』第3期.

何元建, 2013,「汉语合成复合词的构词原则, 类型学特征及其对语言习得的启示」,『外语教学与研究』第4期.

何元建·王玲玲, 2005,「汉语真假复合词」,『语言教学与研究』第5期.

霍凯特, 1987,『现代语言学教程(索振羽·叶蜚声译)』, 北京: 北京大学出版社.

贾媛, 2011,「普通话同音异构两音组重音类型辨析」,『清华大学学报(自然科学版)』第9期.

柯航, 2007,『现代汉语单双音节搭配研究』, 中国社会科学院研究生院语言系博士学位论文. 修改本商务印书馆 2012年出版.

柯航, 2011,「汉语单音节定语移位的语义制约」,『中国语文』第5期.

匡腊英, 2003,「"V 双+N 单"的性质及其相关问题」, 上海师范大学硕士学位论文.

李凤杰, 2012,『韵律结构层次理论与应用』, 天津: 天津大学出版社.

厉为民, 1981,「试论轻声和重音」,『中国语文』第1期.

林焘, 1957,「现代汉语补足语里的轻音现象所反映出来的语法和语义问题」,『北京大学学报』第2期. 收入林焘,『林焘语言学论文集』, 北京: 商务印书馆, 2001.

林焘, 1962,「现代汉语轻音和句法结构的关系」,『中国语文』7月号. 收入林焘,『林焘语言学论文集』, 北京: 商务印书馆, 2001.

陆丙甫, 1993,『核心推导语法』, 上海: 上海教育出版社.

陆丙甫, 2005,「语序优势的认知解释--论可别度对语序的普遍影响(上, 下)」,『当代语言学』第1, 2期.

陆丙甫, 2012,「汉, 英主要"事件名词"语义特征」,『当代语言学』第1期.

陆丙甫·曹琳琳, 2017,「"浴缸效应"与多音节词音节时长」,『汉语学习』第1期.

吕叔湘, 1963,「现代汉语单双音节问题初探」,『中国语文』第1期.

吕叔湘, 1979,『汉语语法分析问题』, 北京: 商务印书馆.

裴雨来, 2016,『汉语的韵律词』, 北京: 北京语言文化大学出版社.

祁峰·端木三, 2015,「定中式形名组合词长搭配的量化研究」,『语言教学与研究』第5期.

秦祖宣·马秋武, 2016,「韵律音系学研究综述」,『同济大学学报(社会科学版)』第1期.

沈家煊, 1999a,『不对称和标记论』, 南昌: 江西教育出版社.

沈家煊, 1999b, 「语法化和形义间的扭曲关系」, 载石锋, 潘悟云主编『中国语言学的新开拓』, 香港: 香港城市大学出版社.

沈家煊, 2000, 「语法中的"标记颠倒"现象」, 『语法研究和探索(十)』, 北京: 商务印书馆.

沈家煊, 2004, 「语法研究的目标－－预测还是解释」, 『中国语文』第6期.

沈家煊, 2011, 「从韵律结构看形容词」, 『汉语学习』第3期.

沈家煊, 2012a, 「"名动词"的反思: 问题和对策」, 『世界汉语教学』第1期.

沈家煊, 2012b, 「论"虚实象似"原理－－韵律和语法之间的扭曲对应」, CASLAR (Chinese as a Second Language and Research)1(1): 89-103. de Gruyter, Mouton.

沈家煊, 2013, 「"单双区分"在汉语中的地位和作用」, 日本中国语学会第 63 次年会(东京)主题报告.

沈家煊, 2016, 『名词和动词』, 北京: 商务印书馆.

沈家煊, 2017a, 『<繁花>语言札记』, 南昌: 二十一世纪出版社.

沈家煊, 2017b, 「汉语"大语法"包含韵律」, 『世界汉语教学』第1期.

沈家煊, 2017c, 『汉语的韵律层级』, 待刊.

沈家煊, 2017d, 「"能简则简"和"分清主次"－－语言研究方法论谈」, 『南开语言学刊』第2期.

沈家煊 · 柯航, 2014. 「汉语的节奏是松紧控制轻重」, 『语言学论丛』第50辑.

王力, 1978, 『汉语诗律学』, 上海: 上海教育出版社. 又载『王力文集(第十四卷)』, 1989年, 山东教育出版社出版.

王彩豫 · 王群生, 2007, 「论普通话双音节词语的轻化现象」, 『汉语学报』第3期.

王灿龙, 2002, 「句法组合中单双音节选择的认知解释」, 『语法研究和探索(十一)』, 北京: 商务印书馆.

王洪君, 1999, 『汉语非线性音系学: 汉语的音系格局』, 北京: 北京大学出版社. 2008年 第2版.

王洪君, 2000, 「汉语的韵律词与韵律短语」, 『中国语文』第6期.

王洪君, 2001, 「音节单双, 音域展敛(重音)与语法结构类型和成分次序」, 『当代语言学』第4 期.

王洪君, 2004, 「试论汉语的节奏类型－－松紧型」, 『语言科学』第3期.

王洪君, 1994, 「从字和字组看词和短语」, 『中国语文』第2期.

王志浩 · 冯胜利, 2006, 「声调对比法与北京话双音组的重音类型」, 『语言科学』第1期.

文炼 · 陆丙甫, 1979, 「关于新诗节律」, 『语文教学与研究第』, 2辑, 昆明: 云南人民出版社.

吴为善, 1986, 「现代汉语三音节组合规律初探」, 『汉语学习』第5期.

吴为善, 1989, 「论汉语后置单音节的粘附性」, 『汉语学习』第1期.

吴为善, 2003, 「双音化, 语法化和韵律词的再分析」, 『汉语学习』第2期.

吴为善, 2006, 『汉语韵律句法探索』, 上海: 学林出版社.

吴为善, 2015, 『汉语"重轻型"韵律模式的辨义功能及其系统价值』, 上海: 学林出版社.

徐世荣, 1982, 「双音节词的音量分析」, 『语言教学与研究』第2期.

许希明·沈家煊, 2016, 「英汉语重音的音系差异」, 『外语教学与研究』第5期.

应学凤, 2015, 「动宾倒置复合词研究述评」, 『汉语学习』第2期.

袁毓林, 1999, 「定语顺序的认知解释及其理论蕴涵」, 『中国社会科学』第2期. 又见『汉语语法研究的认知视野, 北京: 商务印书馆 2004年版.

袁毓林, 2003, 「走向多层面互动的汉语研究」, 『语言科学』第6期.

张敏, 1998, 『认知语言学与汉语名词短语』, 北京: 中国社会科学出版社.

张国宪, 1989, 「"动+名"结构中单双音节动作动词功能差异初探」, 『中国语文』第3期.

张国宪, 1994, 「双音节动词功能增殖探讨」, 邵敬敏主编『语法研究与语法应用』, 北京: 北京语言学院出版社.

张国宪, 1996, 「单双音节形容词的选择性差异」, 『汉语学习』第3期.

张国宪, 2004, 「形动构造奇偶组配的语义·句法理据」, 『世界汉语教学』第4期.

张国宪, 2005, 「形名组合的韵律组配图式及其韵律的语言地位」, 『当代语言学』第1期.

张洪明, 2014, 「韵律音系学与汉语韵律研究中的若干问题」, 『当代语言学』第3期.

周韧, 2006, 『现代汉语韵律与语法的互动关系研究』, 北京大学博士论文. 修改本2011年 商务印书馆出版.

周韧, 2012a, 「汉语状中结构的韵律模式考察」, 『语言教学与研究』第5期.

周韧, 2012b, 「韵律的作用到底有多大」, 『世界汉语教学』第4期.

周韧, 2016, 「汉语韵律语法研究中的轻重象似, 松紧象似和多少象似」, 第19次现代汉语语法学术讨论会论文(温州, 10月21-24日).

朱德熙, 1956, 「现代汉语形容词研究」, 『语言研究』第1期.

朱宏一, 2008, 「现代汉语词典第5版轻声处理评析」, 『中国语文』第6期.

Chao, Y. R (赵元任). 1959. Ambiguity in Chinese.In Søren Egerod & Else Glahn. (ed.) Studia *Serica Bernhard Karlgen Dedicata*, 1-13. Copenhagen: Ejnar Munksgaard. 袁毓林译, 载『中国现代语言学的开拓和发展: 赵元任语言学论文选』, 清华大学出版社, 1992.

Chao, Y. R. 1968, *A Grammar of Spoken Chinese*. Berkeley, Los Angeles: University of California Press. (商务印书馆 2011 年重印本) 吕叔湘节译本『汉语口语法, 北京: 商务印书馆, 1979; 丁邦新全译本『中国话的文法』, 香港: 香港中文大学出版社, 1980.

Chao, Y. R. 1975. Rhythm and structure in Chinese word conceptions. 原载『台湾大学考古人类

学刊』. 中译文收录于『赵元任语言学论文集』, 北京: 商务印书馆, 2006.

Chen, Matthew. Y(陈渊泉). 2000. *Tone Sandhi: Patterns Across Chinese Dialects.* Cambridge MA: Cambridge University Press.

Cheng, C. C (郑锦全) 1973. *A Synchronic Phonology of Mandarin Chinese,* The Huge: Mouton.

Chomsky, N. 1986, *Barriers.* Cambridge MA: MIT Press.

Chomsky, N. 1995, *The Minimalist Program.* Cambridge MA: MIT Press.

Crystal, David 1997, *A Dictionary of Linguistics and Phonetics.* 4th edition. Oxford: Blackwell. 沈 家煊译 『现代语言学词典』, 北京: 商务印书馆, 2000.

Dik, Simon C. 1983, Two constraints on relators and what they can do for us. In Simon C. Dik (ed.), *Advances in Functional Grammar.* Dordrecht: Foris Publications.

Downing, L. J 2016, The prosodic hierarchy in Chichewa: How many levels? 载『韵律研究』第一 辑 (冯胜利主编), 北京: 科学出版社.

Duanmu, San (端木三) 1997, Phonologically motivated word order movement: evidence from Chinese Compounds. *Studies in the Linguistics Sciences,* 27: 49-77.

Duanmu, San 1998, Wordhood in Chinese. In Packard J. L. (ed.). *New Approaches to Chinese Word Formation: Morphology, Phonology, and the Lexicon in Modern and Ancient Chinese,* Berlin: Mouton de Gruyter.

Duanmu, San 1990, *A formal study of syllable, tone stress and domain in Chinese language.* Ph. D. diss. Massachusetts Institute of Technology.

Duanmu, San 1995, Metrical and tonal phonology of compounds in two Chinese dialects. *Language,* 71: 225-259.

Duanmu, San 2000, *The Phonology of Standard Chinese.* Oxford University Press. revised in 2006.

Duanmu, San 2005, The tone-syntax interface in Chinese: some recent controversies. In Proceedings of the Symposium "Cross-Linguistic Studies of Tonal Phenomena,Historical Development, Tone-Syntax Interface, and Descriptive Studies", December 14-16, 2004, ed. Shigeki Kaji. Institute for the Study of Language and Culture of Asia and Africa, Tokyo University of Foreign Studies.

Evans, N. J. Fletcher & B. Ross 2008, Big words, small phrases: Mismatches between pause units and the polysynthetic word in Dalabon. *Linguistics,* 46: 87-127.

Golston, Chris 1995, Syntax outrank phonology: Evidence from Ancient Greek, *Phonology,* 12

(3): 343-368.

Harford, C & Demuth, K 1999, Prosody outranks syntax: An Optimality approach to subject inversion in Bantu relatives. *Linguistic Analysis,* 29 (1-2), 47-68.

Hayes, B 1989, The prosodic hierarchy in meter. In Paul Kiparsky and G. Youmans eds. *Phoneticsand Phonology* Vol. 1: Rhythm and Meter. 201-260. San Diego, CA: Academic Press.

Hayes, B 1984, The phonology of rhythm in English. *Language,* 62: 321-351.

Hockett, F. Charles 1942, A System of Descriptive Phonology. *Language,* 18: 3-21.

Hung, T. T. N (洪同年) 1987, *Syntactic and Semantic Aspects of Chinese Tone Sandh*i, Ph. D. diss. University of California.

Kaisse, E. M 1985, *Connected Speech: The interaction of Syntax and Phonology.* Orlando: Academic Press.

Liberman, M .& A. S. Prince 1977, On stress and linguistic rhythm. *Linguistic Inquiry,* 8: 249-336.

Lu, Bingfu & Duanmu San (陆丙甫·端木三) 1991, A case study of the relation between rhythm syntax in Chinese. Paper presented at the Third North America Conference on Chinese Linguistics.

Lu, Bingfu & Duanmu San 2002, Rhythm and Syntax in Chinese: A Case Study, *Journal of Chinese Language Teachers Association,* 37. 2: 123-136.

Nespor, M. & I. Vogel 2007, *Prosodic Phonology: With a new foreword. Berlin*: Mouton de Gruyter.

Odden, D 1978, Further Evidence for the Feature [Grave], *Linguistic Inquiry* 9. 1: 141-144.

Odden, D 1990, C-command or edges in Makonde, *Phonology,* 7: 163-170.

Schiering, R., B. Bickel, & K. Hildebrandt 2010, The prosodic word is not universal, but emergent. *Journal of Linguistics,* 46: 657-709.

Selkirk, E 1980, Prosodic domains in phonology: Sanskrit revisited. In Mark Aronoff and Mary-Louise Kean eds., *Juncture: A Collection of Original Papers (Studia Linguistica et Philologica 7),* 107-129. Saratoga Anma Libri.

Selkirk, E 1984, *Phonology and Syntax: The Relation Between Sound and Structure.* Cambridge, Massachusetts: MIT Press.

Shannon E. & W. Weaver 1949, *The Mathematical Theory of Communication*. University of Illinois Press.

Shannon E 1948, The Mathematics Theory of Communication. *Bell System Technical Journal*. July and October. Reprinted in Shannon and Weaver 1949, 3-91.

Shih, Chi-lin (石基琳) 1986, *The prosodic domain of tone sandhi in Chinese*, Ph. D. diss. San Diego: University of California.

Thomas, David D 1962, On defining the 'word' in Vietnamese. *Văn-hóa Nguyệt-San*, 11, 519-523.

Tranel, Bernard 1998, Suppletion and OT: On the Issue of the Syntax/Phonology Interaction, WCCFL 16, 415-429.

Zec, D. & Inkelas, S 1990, Prosodically constrained syntax. In Sharon; Inkelas & Zecraga. (ed.). *The Phonology-Syntax Connection*. The University of Chicago Press.

Zhang, Hongming (张洪明) 1992, Topics in Chinese phrasal phonology. Ph. D. diss. San Diego: University of California.

중국어 단음절
관형어
위치 이동의
의미 제약

중국어 단음절 관형어 위치 이동의 의미 제약[*]

논문제요

본고는 중국어 다항 관형어의 접착식 관형어-중심어 수식 구조에서 첫 단음절 관형어가 운율 규칙에 따라 위치를 이동할 때 존재하는 의미 제약에 대해 논하고, '의미 긴밀도 인접 원칙'을 위치 이동의 전제조건으로 제시하였다. 첫 단음절 관형어+중심어의 의미 긴밀도와 후속 관형어+중심어의 의미 긴밀도의 차이가 작을수록 위치를 이동하는 것이 쉽지만 그 반대의 경우는 위치 이동이 어렵다. 본고에서는 '의미 긴밀도 인접 원칙'이 일부 첫 단음절 관형어가 왜 위치를 이동할 수 없는지('黑皮革沙发(검정 가죽소파)', '甜红豆粥(단팥죽)')에 대해 설명이 가능할 뿐만 아니라 첫 단음절 관형어의 이동 가능한 위치를 예측할 수도 있다고 보았다. 마지막으로 본고는 '四川北路(쓰촨베이루)'와 '北四川路(베이쓰촨루)'라는 두 가지 도로명의 의미 차이를 분석하고, 의미가 첫 단음절 관형어의 위치 이동에 중요한 제약적 기능을 한다는 점을 설명하였다.

키워드: 다항 관형어, 의미 긴밀도, 의미 제약, 운율

* 본고의 집필 과정에서 세심한 지도를 아끼지 않으신 지도교수 沈家煊 선생님과 귀중한 수정 의견을 보내 주신 익명의 심사위원께 감사의 뜻을 전한다. 본고의 오류는 전적으로 필자의 책임임을 밝힌다.

1. 들어가는 말

중국어의 다항 관형어는 보통 다음과 같은 배열 순서를 따른다.(周韌 2006에서 인용, 이하 '의미 순서'로 약칭)

(1) 신구 > 크기 > 색상 > 모양, 냄새 > 속성 > 시간, 처소 > 재료 > 용도 > 중심어

즉, 하나의 중심어가 여러 개의 관형어에 의해 수식을 받을 때, '신구'의 의미를 나타내는 관형어는 중심어에서 가장 멀고, '용도'를 나타내는 관형어는 중심어에서 가장 가깝다. 예를 들어 보자.

(2) a. 旧圆碗 (낡은 원형 밥그릇)
　　 b. *圆旧碗
(3) a. 新型自动洗衣机 (신형 자동 세탁기)
　　 b. *自动新型洗衣机

'旧(낡다)', '新型(신형)'과 '圆(둥글다)', '自动(자동)'은 각각 '신구'와 '모양', '속성'의 의미를 나타내므로, 위의 예 a와 같이 모두 '신구'는 앞에, '모양' 또는 '속성'은 중심어에 가깝다는 의미 순서에 맞게 배열되어 있다. b와 같이 이 의미 순서를 어기는 배열은 좋은 조합이 아니다.

위의 두 예 중 여러 가지 관형어는 음절 수에 있어서 일치성을 가지는데, 각각 모두 단음절이거나 쌍음절이다. 그런데 중심어 앞의 관형어의 음절 수가 일치하지 않을 때, 일부 관형어의 배열은 더 이상 의미 순서를 따르지 않는다.

(4) a. 大型汉语词典 (대형 한어사전)

   b. 汉语大词典 (한어대사전)

(5) a. 羊皮防寒大衣 (양피 방한 코트)

   b. 防寒皮大衣 (방한 가죽 코트)

예 (4a)와 (5a)는 '속성', '용도'를 나타내는 관형어가 중심어에 더 가까우므로 의미 순서에 부합한다. 하지만 (4b)와 (5b)는 '크기', '재료'를 나타내는 관형어가 중심어에 더 가깝다.

많은 연구자들은 (4b), (5b)는 운율 규칙의 제약에 의해 발생한 단음절 관형어의 후치 이동 현상(이하 '단음절 관형어 위치 이동'이라 함)이라고 보았으며, 동일한 예는 '北四川路'가 위치 이동한 '四川北路' 등이 있다. 물론, 학자마다 제기한 운율 규칙은 다소 차이가 있다.

端木三(Duanmu 1997, 2000)은 위와 같은 단음절 관형어의 위치 이동 현상을 설명하기 위해 '좌측성분 강세 원칙'을 제시하였다. '좌측성분 강세 원칙'에 따르면 중국어의 1차 강세는 음보의 왼쪽 음절, 예를 들어 '大汉语词典'의 경우 '大(크다)'에 놓이는데, 이렇게 되면 또 '보조성분 강세 원칙'을 위반하게 된다. 따라서 '大'를 뒤로 이동시켜 '汉语大词典'으로 만들면, '汉语'가 1차 강세를 획득함으로써 '좌측성분 강세'의 원칙에 부합된다.

마찬가지로, '北四川路(베이쓰촨루)'도 1차 강세를 얻지 못해서 위치 이동을 하여 '四川北路(쓰촨베이루)'가 되었다.

冯胜利(1998, 2000)는 병렬구조와 다음절 음역어의 음보 구분을 통해 중국어에서 통사 의미의 영향을 받지 않는 '자연음보'는 다음 속성을 가진다고 하였는데, 이를 '기본 규칙'이라 칭하였다

1) a. 두 개의 음절이 하나의 독립된 음보를 구성한다.

   b. [1+2] 형식과 [2+1] 형식으로 말할 수 없으므로, 세 개의 음절도 하나의 독립된 음보를 구성한다.

   c. 4글자 꾸러미는 [1+3] 형식이나 [3+1] 형식 등이 가능하지 않으므로, 반드시 [2+2] 형식으로 나누어야 한다.

   d. 5글자 꾸러미는 [3+2] 형식의 율격으로 말할 수 없으므로, [2+3] 형식만 구성할 수 있다.

   ……

이러한 기본 규칙을 바탕으로 또 다음과 같은 '파생 규칙'을 도출할 수 있다.

2) a. 단음절 형식은 독립된 음보를 구성하기에 부족하다.

   b. 중국어의 자연율격에 [1+1+2]' 형식과 [2+1+1] 형식, [1+2+1] 형식 등은 존재하지 않는다.

   c. 중국어의 자연율격에 [1+2+2] 형식과 [2+2+1] 형식, [2+1+2] 형식 등은 존재하지 않는다.

   d. 중국어 자연율격의 실현 방향은 왼쪽에서 오른쪽(즉, '우향 음보') 이다.

   ……

冯胜利는 복합어는 먼저 운율단어이기에 그 음보 구성도 자연음보의 운율 자질에 부합해야 한다고 보았다. 이는 복합어가 성립하기 위한 필요조건으로, 그는 이를 '자연음보 규칙'이라고 약칭하였다.

이 규칙에 따라 '大汉语词典'(1+2+2)과 '北四川路'(1+2+1)의 음보 구성 모델은 모두 '자연음보'에 맞지 않기 때문에 모두 좋지 않은 구조이며, '大'와 '北'의 위치 이동을 통해 운율단어의 자연음보 규칙을 충족시킬 필요가 있다. 冯胜利는 언어에도 이러한 4글자 꾸러미나 5글자 꾸러미가 있지만, 자연음보는 통사와 의미의 제약을 수동적으로 받아들이지 않는데, '北四川路'와 '大汉语词典'에서 나타난 음절 조정이 바로 자연음보에 대한 일종의 반응이라고 주장하였다.

端木三과 冯胜利의 분석에 대해, 周韧(2006)은 둘 다 한계가 있어 모든 언어자료에 적용할 수는 없다는 간략한 평과 함께 새로운 분석 방법을 제안했다. 周韧은 陈渊泉(Chen, 2000)의 연구 성과에 힘입어, 복합어를 구성하는 과정에서 '不要骑跨(뛰어 넘을 수 없음: 하나의 어휘 항목은 분리할 수 없음)', '최대 2음절(다음절은 운율 단위가 되지 않음)', '일치성(운율 단위 내부는 통사성분이 되는 것이 가장 좋다)', '왼쪽에서 오른쪽(음보는 왼쪽에서 시작)' 등과 같은 많은 요소들이 선택에 참여한다고 제시하였다.

'汉语/大词典'과 '大汉语/词典'은 '최대 2음절'의 제약에 위배되며, '大汉语/词典'의 '大汉语'는 하나의 통사 성분을 구성하지 못하고, '일치성'의 조건에도 위배된다. 따라서 '汉语大词典'이 최종 선택되거나 '大汉语词典'이 위치 이동이 필요한 이유는, 위치를 이동하지 않으면 운율 단위 내부는 통사성분이 되는 것이 가장 좋다는 조건을 충족시키지 못하기 때문이다. 다시 말해, '汉语大词典'은 일치성의 요구를 충족시키기 위해 '의미 순서'를 희생한 것이다.

지금까지 많은 연구자들이 단음절 관형어의 위치 이동에 대해 여러 가지 운율적인 해석을 제공함으로써 운율이 중국어 구조에 영향을 미치는 것에 대한 우리의 인식을 심화시켰다. 하지만 중국어에서 첫 단음절 관형어가 위치 이동을 할 필요가 없는 예도 많다는 점은 부정할 수가 없다. 예를 들어, '冷排骨粥(냉갈비죽)', '老古玩店(낡은 골동품점)', '黑皮革沙

发(검정 가죽 소파)', '新智能手机(새 스마트폰)' 등의 예들은 위에서 언급한 '좌측성분 강세', '자연음보' 규칙 또는 우선론의 규칙으로는 설명할 수가 없다. 따라서 周韧(2006)도 이는 운율이 의미의 제약을 받은 것임을 인정하지만, 글에서는 의미의 운율 제약의 조건에 대해서는 더 이상 깊은 분석을 하지 않았다.

본고는 다음의 분석을 통해 선행연구의 기초 위에서 단음절 관형어 위치 이동의 의미적 제약 요소를 보다 구체적으로 명확히 설명할 수 있기를 바란다.

2. '汉语大词典'과 '大汉语词典'

앞서 서술한 바와 같이, 학자들은 일반적으로 '汉语大词典(한어대사전)'은 '大汉语词典(대한어사전)'이 위치 이동을 거쳐 생성된 것이며, 위치 이동의 원인은 운율 제약이라고 생각하였다. 그러나 사실은 '汉语大词典'과 '大汉语词典'이 모두 존재하고, 후자가 더 흔하지만 전자도 유일한 예는 아니다. 그래서 다음과 같은 문제가 있다.

    (1) 운율 규칙이 단음절 관형어 후치를 요구한다면, 왜 '大汉语词典'이 여전히 성립될 수 있는가?
    (2) '大'가 앞에 오는 것과 가운데 오는 것은 정말로 의미상 차이가 없는가?

먼저 두 번째 질문에 답을 해보자. 필자는 일련의 관련된 사전의 명칭과 그 수록된 어휘량에 대해 검색을 해보았는데, 구체적인 결과는 아래

표와 같다.

사전명	수록 어휘량
新牛津英汉双解大词典	35만 5천여 개
英汉双解大词典 (外研社)	18만 7천여 개
新时代汉语大词典	12만 개에 육박
英汉大词典	10만 여 개
朗氏德汉双解大词典	6만 6천 개
高级英汉双解大词典	4만여 개
英汉双解大词典 (外文社)	4만여 개
高级英汉大词典	2만 5천여 개
学生实用英汉大词典	1만 2천 개
英语常见问题解答大词典	6천 개
21世纪大英汉词典	40만 개
大英汉词典	18만여 개
大俄汉词典	15만 8천 개
大法汉词典	12만 개 정도
大德汉词典	12만 개 정도

필자는 표를 먼저 크게 상하 두 부분으로 나누고, 윗부분은 모두 'xx 大词典(大辞典)'으로, 아랫부분은 모두 '大xx词典'으로 구분하였다. 위의 표에서 알 수 있듯이, 'xx大词典(大辞典)'이 확실히 '大xx词典'보다 훨씬 더 많으며, 더 중요한 것은 두 종류의 사전이 수록된 어휘의 양에 있어서 차이를 보인다는 점이다. '大xx词典'이라고 하는 사전들은 어휘량이 대체로 많은데, 여기에 속하는 다섯 개의 사전 중 어휘량이 가장 적은 것

도 12만 개 정도이고, 많은 것은 40만 개에 달한다. 반면, '大xx词典'으로 불리는 사전들의 어휘량은 다양한데, 많은 것은 35만 개에 이르고, 가장 적은 것은 6천 개에 불과하다. 여기에 속하는 총 10권의 사전 중에 어휘량이 6만 개 이하인 것이 6개나 된다. 이처럼 '大xx词典'들은 주로 수록된 어휘량이 많다는 것을 강조하고, 또 외형적으로 부피가 크기 때문에 '大xx词典'의 '大'는 물리적인 속성인 '크기'의 의미가 있음을 알 수 있다.

그렇다면 'xx大词典'의 '大'는 무엇을 가리키는가? 필자는 'xx大词典'의 '大'의 중점이 어휘량이 많다는 것과 부피가 크다는 것에 있지 않고, 해당 범위 내에서 어휘 수록이 포괄적이라는 것을 의미한다고 생각한다. 예를 들어, 『英语常见问题解答大词典(영어의 자주 보이는 문제 풀이 대사전)』의 경우, 수록된 어휘의 절대적인 양은 6천여 개로 많지 않지만, 이 사전의 설계 내용에 있어서 어휘의 수집이 상당히 광범위하게 이루어졌기 때문에 '大'라고 할 수 있다. 『学生实用英汉大词典(학생 실용 영한사전)』은 겨우 1만 2천 개의 어휘를 수록하고 있고 표제어의 수도 적지만, 교과서와 4, 6급 어휘를 모두 모아서 학생들이 일반적인 학습에 대비할 수 있도록 전문적으로 제작되었다. 따라서 이러한 편찬의 목표를 감안하면, 사전의 내용도 포괄적이라고 할 수 있으므로 역시 '大'라고 하였다.

위의 예를 통해서 '大'와 같은 관형어와 중심어의 거리 차이에 따라서 의미도 약간의 차이가 있다는 것을 알 수 있다. 설명의 편의를 위해 잠시 '大₁(부피가 크다)'와 '大₂(어휘 수록이 포괄적이다)'로 나누기로 한다. 많은 학자들(陆丙甫 1993, 2005 ; 张敏 1998)은 중심어에서 멀리 떨어진 관형어는 외재적이고 비본질적인 속성을 나타내는 반면, 중심어에 가까운 관형어는 내재적이고 본질적인 속성을 나타낸다고 주장하였다. 식별 가능성의 측면에서 볼 때 부피의 크기는 내용의 전면성 여부보다 식별하기가 쉽고 외형적인 특징이다. 따라서 '大汉语词典'의 '大'는 '大₁'로 사전의 부피가 크다는 것을 나타냄과 동시에 어휘량이 많다는 것을 의미한다. 반면, '汉语大词典'의 '大'는 '大₂'로 중심어에 더욱 가까운 위치에 있는데, 이는 사전의 내용이 포괄적임을 설명하는 것으로 단어의 양이 많거나 부피가 크다는 등의 특징은 필수적인 속성이 아니다.[3]

그러나 부피가 큰 사전은 수록된 어휘량도 많으며, 어휘 수록이 포괄적이라는 것과도 정비례하기 때문에 '大xx词典'과 'xx大词典'의 '大'는 사실 큰 차이가 나지 않아 보인다. 그런데 여기서 '大'를 '新'으로 바꾸면 그 차이가 좀 더 명확해진다. 다음 예를 보자.

(6) 新英汉词典 (신영한사전)　　旧英汉词典(구영한사전)
　　英汉新词典 (영한신사전)　　* 英汉旧词典

'新(새롭다)'이 단어의 첫머리에 오면 사전이라는 제품의 신구(新旧)를 의미하는 것도 가능하며, 이와 대응하는 반대 형식은 '旧英汉词典'도 성립한다. 그러나 '新'이 단어 중간에 있을 때는 내용과 판본 형식을 지칭하는데, 어느 사전도 그 판본이 오래 되었고, 내용이 시대에 뒤떨어졌다고 표방하지 않기 때문에 그에 대응하는 반대 형식인 '英汉旧词典'는 수용되기가 힘들다.[4] 이처럼 '英汉新词典'의 '新'은 제품이 새 것임을 말하

---

3) 沈家煊 선생님은 필자에게 '大词典'의 수록 어휘량이 반드시 많지는 않다고 지적하셨는데, 이는 '大词典'의 어휘화 가능성을 설명해준다고 할 수 있다. 이는 '大车'가 반드시 '大的车'가 아니어서 '小的大车'라고 말할 수 있는 것과 마찬가지다.
4) 이미 폐기되어 현재는 사용되지 않는 어휘만을 전문적으로 수록하여 풀이한 사전이 아마

거나 사전의 외적인 속성을 묘사하는 것이 아니라 내용이 새로운 것임을 가리키는데, 이는 사전의 내재적 인 특징이다.

'大'가 단어의 첫머리에 놓일 때와 중간에 놓일 때의 의미가 다르다는 것으로 이 절에서 제기한 첫 번째 질문은 대답이 가능해진다. '大汉语词典'과 '汉语大词典'이 동시에 존재할 수 있는 것은 양자의 의미 중점이 다르기 때문이다.

이는 동시에 왜 '汉语大词典'이 예가 되는 'xx大词典'이 '大xx词典'보다 더 흔히 관찰되는지를 설명해준다. 한 권의 사전에 대해 독자에게 설명할 때 더욱 신경을 써야 하는 특징은 어휘 수록이 포괄적이라는 것이다. 수록된 어휘량은 많은데 해당 분야의 모든 방면의 어휘를 망라하지 못한 사전은 분명히 좋은 사전이라고 할 수 없다. 반면, 사전의 부피나 수록 어휘량이 사전의 좋고 나쁨을 판단하는 가장 중요한 요소는 아니다. 그래서 더 많은 사전들이 '大xx词典'보다는 'xx大词典'이라는 형식을 책의 이름으로 선택할 것이다.

3. '黑皮革沙发'와 '皮革黑沙发'

단음절 관형어 후치 현상에 대해 설명하는 운율 규칙은 모두 반례에 부딪힐 수 있고, 실제로 그 반례 또한 적지 않다.

(7) a. 黑皮革沙发 (검정 가죽소파)

도 정말 있을 수도 있다. 하지만 그런 사전이 있다고 해도, 이를 '英汉旧词词典'이 아닌 '英汉旧词词典'이라고 부를 가능성이 훨씬 높다.

    b. * 皮革黑沙发　　　　　　　　(색깔-재료)

(8) a. 旧羊皮挎包 (낡은 양가죽 크로스백)

    b. ? 羊皮旧挎包　　　　　　　　(신구-재료)

(9) a. 大液晶电视 (큰 액정 텔레비전)

    b. ? 液晶大电视　　　　　　　　(크기-재료)

(10) a. 红运动短裤 (빨간 트레이닝 반바지)

    b. * 运动红短裤　　　　　　　　(색깔-용도)

위의 네 가지 예에서 a그룹은 모두 의미 순서를 따르지만, 단음절 관형어가 첫머리에 위치함으로써 운율 규칙을 위반하였다. b그룹은 a그룹의 단음절 관형어가 후치하여 운율 규칙의 요구를 충족시키지만 일반적으로 좋은 구조는 아니다.[5] 그렇다면, 어떤 경우에 단음절 관형어의 후치가 필요하거나 혹은 후치가 가능한 걸까? 어떤 경우에 단음절 관형어의 후치가 불가능한 걸까? 마찬가지로 먼저 몇몇 예를 대조해 보자.

(11) a. ? 旧黑色沙发

    b. 黑色旧沙发 (검정 헌 소파)　　　(신구-색깔)

(12) a. ? 小圆形书桌

    b. 圆形小书桌 (원형의 작은 책상)　(크기-모양)

(13) a. ? 皮防寒大衣

    b. 防寒皮大衣 (방한 가죽 코트)　(재료-용도)

(14) a. ? 小女式挎包

    b. 女式小挎包 (여성용 작은 크로스백)　(크기-속성)

우리는 후치가 필요 없는 (7a)-(10a)의 각 예에서 두 개의 관형어가

---

5) 여기서 말하는 '일반적인' 경우는 특수한 초점이 없는 경우를 말한다.

각각 '색깔-재료', '신구-재료', '크기-재료', '색깔-용도'의 의미를 나타내는데, 이들은 본고가 첫머리에서 열거한 관형어의 의미 순서에서 거리가 비교적 가까운 것들이다.

따라서 본고는 단음절 관형어가 운율 규칙에 따라 위치 이동을 할 때 다음과 같은 의미 제약이 존재한다고 가정한다.

첫머리에 위치한 단음절 관형어와 뒤에 있는 관형어가 의미 순서에서 서로 가까이 있을 때, 이 단음절 관형어는 뒤로 이동할 수 있다.
반면, 첫머리에 위치한 단음절 관형어가 뒤에 오는 관형어가 의미 순서에서 멀리 떨어져 있을 때, 이 단음절 관형어는 뒤로 이동할 수 없다.

왜 이러한 의미 제약이 존재하는 걸까? 이 또한 의미 순서에서 의미 속성과 중심어와의 관계에서부터 논의를 시작하고자 한다. 의미 인접 원칙에 따라, 사물의 내재적이고 안정적인 특징을 나타내는 관형어는 중심어에 더 가까우며, 관형어와 중심어 사이의 의미 관계는 더 긴밀하다. 반대로, 사물의 외재적, 비본질적 특징을 나타내는 관형어는 중심어에서 더 멀리 떨어져 있으며, 이 관형어와 중심어 사이의 의미 관계는 더 느슨하다. 두 개의 관형어가 의미 순서에서 서로 멀리 떨어져 있을 때, 양자는 중심어의 내재적이고 안정적인 특징을 나타내는 면에서의 차이도 반드시 크다. 이들 두 관형어와 중심어 사이의 의미 긴밀도의 차이가 클수록 위치 이동으로 인한 의미 인접 원칙의 파괴 역시 더욱 커진다. 반대로, 두 개의 관형어가 서열에서 서로 가까이 있다면, 양자는 중심 단어의 내재적 그리고 안정적인 특징을 표현하는 능력에서의 차이가 크거나, 두 개의 관형어와 중심어 사이의 의미 긴밀도가 비슷하고,

위치를 이동한 후에 의미 인접 원칙에 대한 파괴는 자연히 적어진다.

따라서 위의 의미적 제약은 추가적으로 (이하 '의미 긴밀도 인접 원칙'이라 약칭) 다음과 같이 나타낼 수 있다.

첫 번째 단음절 관형어와 중심어의 의미 긴밀도는 후속 관형어와 중심어의 의미 차이가 적을수록 위치 이동이 쉬우며, 그 반대라면 위치 이동은 어렵다.

중심어 앞의 몇몇 관형어가 모두 쌍음절일 때, 이들 관형어와 중심어 사이의 의미 긴밀도 차이의 크기도 관형어들 간의 위치 이동에 영향을 줄 수 있다.예를 들어 보자.

(15) a. 新款防寒大衣 (신상 방한 코트)
　　 b. ? 防寒新款大衣　　　　　　　　　　 (신구－용도)
(16) a. 大号白色球鞋 (라지 사이즈 흰색 운동화)
　　 b. 白色大号球鞋 (흰색 라지 사이즈 운동화 (크기－색깔)
(17) a. 小号玻璃奶瓶 (스몰 사이즈 유리 젖병)
　　 b. ? 玻璃小号奶瓶　　　　　　　　　　 (크기－재료)
(18) a. 玻璃保温奶瓶 (유리 보온 젖병)
　　 b. 保温玻璃奶瓶 (보온 유리 젖병)　　 (재료－용도)

예(15), (17)에서 두 개의 관형어는 의미 순서에서 거리가 멀기 때문에 중심어와의 의미 긴밀도 차이가 크다. 그래서 관형어를 의미 순서대로 배열하는 것이 좋으며, '신구'와 '용도', '크기'와 '재료'가 각각 자리를 바꾸는 것은 좋지 않다. 반면, 예(16), (18)에서 두 개의 관형어는 의미 순서에서 거리가 가깝기 때문에 이들과 중심어와의 의미 긴밀도가 비슷하다. 따라서 이들은 종종 자리를 바꿀 수 있는 것이다.[6]

앞 절에서 '英汉新词典'은 성립할 수 있는 반면, '英汉旧词典'은 좋지 않은 것도 마찬가지로 의미 긴밀도 인접 원칙과 관련이 있다. '新'은 사전의 내용적 특징을 나타내는데, '英汉'도 역시 사전의 내용적 특징이며, 양자와 중심어의 의미 긴밀도가 같기 때문에 '新'은 '英汉'의 뒤로 이동할 수가 있는 것이다. 반면, '旧'는 사전의 내용 특징을 표현할 수 없고, 단지 사전의 외부적인 특징에 대한 묘사이기 때문에 중심어와의 의미 긴밀도가 낮아서 '英汉'의 뒤로 이동할 수가 없다.

'汉语大₂词典'도 같은 이유로 '大'를 후치시킬 수 있다. 만약 일반 사전(수록된 어휘량이 많지 않다)이 한 권 있다고 가정을 해보자. 노인의 편의를 위해 글자의 크기를 크게 하여 인쇄한 결과 사전의 부피가 커졌다면, 이는 분명히 '大汉语词典'이라고 부르는 것이 더욱 적합할 것이다.

4. '甜红豆粥'와 '红豆甜粥'

앞에서 제시한 운율 규칙이 '北四川路'에서 '四川北路'로의 위치 이동도 설명할 수 있기를 희망하지만, [1+2+1] 형식의 관형어-중심어 구조

---

6) 자리를 바꿀 수 있다는 것은 다항 관형어의 의미 순서가 무의미하다는 것을 의미하지 않고, 다항 관형어 순서에 영향을 미치는 요소가 다양하다는 것을 설명한다. 여기에는 의미적 요인, 운율적 요인 외에도 화용적 요소도 존재한다. 여기서 강조하고자 하는 것은 다항 관형어 순서가 구체적인 실례에서는 여러 가지 요인이 복합적으로 작용한 결과이므로 종합적으로 고려할 필요가 있다는 것이다. 하지만 연구를 위해서는 여러 요인에 대해 최대한의 구분이 필요하다.

가 위치 이동을 통해 [2+2] 형식의 관형어-중심어 구조로 변하지 않는 다량의 반례도 존재한다. 아래 몇몇 예의 대조를 통해, [1+2+1] 형식의 관형어-중심어 구조에서 단음절 관형어의 위치 이동이 필요한지 여부도 상술한 의미 긴밀도 인접 원칙을 따른다는 것을 알 수 있다. 예를 보자.

(19) a. 甜红豆粥 (단팥죽)
　　 b. * 红豆甜粥　　　　　　　　　　(맛－재료)
(20) a. 新演員表 (신인배우 목록)7)
　　 b. * 演員新表　　　　　　　　　　(신구－재료)
(21) a. 大汽油桶 (큰 휘발유통)
　　 b. * 汽油大桶　　　　　　　　　　(크기－용도)
(22) a. * 大方形桶
　　 b. 方形大桶 (사각 큰 통)　　　　　(크기－모양)
(23) a. 棉休闲裤 (면 캐주얼 바지)
　　 b. 休闲棉裤 (캐주얼 면바지)　　　(재료－용도)8)
(24) a. ? 女运动装
　　 b. 运动女装 (스포츠 여성복)　　　(속성－용도)

예(19a)-(21a)의 두 관형어는 각각 '맛-재료', '신구-재료', '크기-용도'를 나타내는데, 이들 관형어와 중심어 사이의 의미 긴밀도 차이가 크기 때문에 두 관형어의 위치를 바꾸기가 어렵다. 그런데 예(22a)-(24a)의 두 관형어는 각각 '크기-모양', '재료-용도', '속성-용도'를 나타내는데,

---

7) '新演員表'는 두 가지 의미가 있다. 하나는 목록이 새롭다는 것이고, 다른 하나는 배우가 새롭다는 것이다. 본고에서는 전자의 의미를 말한다.
8) 이 예에서 a가 성립할 수 있는 이유는 아마 '休闲裤(캐주얼 바지)'가 이미 하나의 어휘가 되었기 때문일 것이다. 하지만 이것은 의미 거리의 제약을 더욱 잘 설명해준다. 왜냐하면, 예(20), (21)의 '演員表(배우 목록)'와 '汽油桶(휘발유통)'도 역시 하나의 어휘로 볼 수 있지만 앞의 관형어는 위치 이동을 할 수 없기 때문이다.

이들 관형어와 중심어 사이의 의미 긴밀도가 비교적 가깝기 때문에 두 관형어의 위치를 바꿀 수 있다.

본고는 '四川北路'에 대해서 또 다른 경우에 해당된다고 보기 때문에 6절에서 다시 설명하기로 한다.

5. '大黑色圆形电脑桌'

周韧(2006)은 端木三의 '좌측성분 강세' 원칙을 분석하면서, 중심어 앞에 두 개 이상의 관형어가 존재할 때 처음에 오는 단음절 관형어가 어느 위치로 이동해야 '좌측성분 강세'가 되는지 의문을 제기한 바 있다. 예를 들어, '좌측성분 강세'에 부합하려면 '大黑色圆形电脑桌(대형 검정 원형 컴퓨터 테이블)'와 '大方形玻璃餐桌(대형 사각 유리 식탁)'의 '大(크다)'를 '黑色(검정)'과 '方形(사각형)'의 뒤로 이동해야 할까, 아니면 '圆形(원형)'과 '玻璃(유리)'의 뒤로 이동해야 할까? '좌측성분 강세' 원칙은 이에 대해 설명을 하지 않았다. 周韧의 글에서도 이러한 상황에 대해 더 이상의 분석을 하지 않았다. 그런데 사실 '黑色大圆形电脑桌(검정 대형 원형 컴퓨터 테이블)'나 '黑色圆形大电脑桌(검정 원형 대형 컴퓨터 테이블)'는 모두 말할 수 있으며, '大方形玻璃餐桌'은 흔히 '方形大玻璃餐桌(사각 대형 유리 식탁)'라고 말할 수 있지만, 대개 '方形玻璃大餐桌'라고는 말하지 않는다.

이처럼 단음절 관형어가 후치하여 결국 어디까지 이동할 수 있는지도 역시 '의미 긴밀도 인접 원칙'을 따른다. '大黑色圆形电脑桌'의 경우, '大', '黑色', '圆形'은 각각 중심어의 크기, 색깔, 모양을 묘사하는 것으로 모두 외적인 특징에 속한다. 따라서 이들 세 관형어와 중심어 사이의 의미 긴밀도 차이는 크지 않기 때문에 위치 이동이 비교적 자유롭다. 그런데 '大方形玻璃餐桌'에서 앞의 두 관형어인 '大'와 '方形'은 뒤에 있는 중심어와의 의미 긴밀도가 가깝기 때문에 이 두 관형어는 서로 자리를 바꿀 수가 있다. 반면 '大'와 재료를 뜻하는 '玻璃'는 의미 긴밀도 차이가 커서 자리를 바꾸기가 어렵다.

6. '北四川路'와 '四川北路'

'四川北路'는 흔히 볼 수 있는 지명으로 상하이(上海)의 '四川北路'가 가장 유명하다. 필자는 Google 온라인 지도를 통해 상하이의 도로명을 찾아본 결과, '东(동), 南(남), 西(서), 北(북), 中(중)'과 같은 방위사가 포함된 도로명에는 일반적으로 두 가지 명명 방식이 존재한다는 것을 발견하였다. 하나는 '四川北路'처럼 방위사가 중간에 위치하는 방식으로, 동일한 예로는 '淮海东路(화이하이둥루)', '淮海中路(화이하이중루)', '淮海西路(화이하이시루)' 등이 있다. 다른 하나는 '东横浜路(동헝빈루)', '西横浜路(시헝빈루)', '北海宁路(베이하이닝루)'처럼 방위사가 첫머리에 오는 방식이다. 이 두 가지 명명 방식의 존재는 운율 요소의 제약 작용이 위의 몇몇 연구자들이 주장한 것만큼 강력하지 않을 수 있다는 것을 보여준다. 그렇지 않으면 동일한 상황에서 운율 규칙을 위반하는 예가 대량으로 존재할 이유가 없기 때문이다.

그렇다면 이는 의미 거리의 차이로 인한 것일까? '北'와 '四川' 두 관

형어는 의미 순서상 거리가 멀다고 말하기는 어려워 보인다. 그렇다면
두 가지 명명 방식이 동시에 존재하는 이유는 따로 있을 것이다.

구체적으로 이들 거리의 분포 상황을 살펴보면 그 명명 방식의 차이
를 한눈에 알 수 있다. 상하이에서 '橫浜路(형빈루)'와 관련한 도로는 '东
橫浜路', '橫浜路' '西橫浜路'로 총 3개가 있다. 이 세 도로는 서로 연결되
어 있지 않으며, '西橫浜路'와 '橫浜路' 사이에는 여러 개의 도로가 분리
되어 있는 반면, '东橫浜路'는 '橫浜路'는 거의 수직 상태이다. 넓은 방위
에서 보면, '橫浜路'는 가운데에 있고, '东橫浜路'와 '西橫浜路'는 각각 동
서 양쪽에 있다. 이는 구체적으로 다음 그림과 같다.

그런데 '淮海路'에 대한 위키피디아 백과사전의 소개글을 보면, 방위
사를 가운데 포함한 도로명의 의미가 전혀 다르다는 것을 알 수 있다.

淮海路는 상하이 도심의 한 상업 도로이다. 넓은 의미의 淮海路는 세 개
의 길을 포함한다. 하나는 동쪽의 人民路(런민루)에서 서쪽의 西藏南路(시장
난루)까지 총 길이가 373m인 동단의 淮海东路로, 원래 명칭은 宁波路(닝보

루)이다. 또 하나는 동쪽의 华山路(화산루)에서 서쪽의 虹桥路(홍챠오루)와
凯旋路(카이쉬안루)의 교차로까지 총 길이가 1,506m인 서단의 淮海西路로,
원래 명칭은 乔敦路(챠오둔루)였으나 1930년대에 陆家路(루쟈루)로 개칭하였
다. 이 두 길은 모두 길지도 않고 번화하지도 않다. 좁은 의미의 淮海路는
淮海中路를 가리키며, 동쪽의 西藏南路에서 서쪽의 华山路까지 총 길이가
5,500m에 달한다. 淮海中路의 최초 명칭은 西江路(시쟝루)였으나 1906년 埚
昌路(궈창루)로 개칭되었고, 1915년 6월에는 다시 霞飞路(샤페이루)로 바뀌
었다. 이후 1950년 5월 25일 상하이시 인민정부는 淮海 전투를 기념하기 위
해 도로 이름을 다시 淮海路로 바꾸었다.

이를 통해 '淮海路'는 '淮海东路', '淮海中路', '淮海西路'로 불리는 세
길을 합친 동서 방향의 도로라는 것을 알 수 있다. 이는 구체적으로 아
래 그림과 같이 나타낼 수 있다.

淮海西路	淮海中路	淮海东路

그러고 보면 '四川北路'라고 부르는 것과 '北四川路'라고 부르는 것도
사실은 의미 차이가 있다. '四川北路'는 '四川路北段(쓰촨루 북단)'의 의미
를 나타내는 경향이 더 강하지만, '北四川路'는 '四川路北边的那条路(쓰촨
루 북쪽의 그 길)'이라는 의미를 나타내는 경향이 있다.[9]

---

9) 『北京地名典』에 대한 필자의 조사 결과, 베이징의 도로 중에 '방위사+고유명사+보통명
사'의 방식으로 명명된 것은 주로 다음 몇 가지 경우였다. 첫째, 같은 이름을 피하기 위
해 방위사를 더한 경우이다. 예를 들면 东城区의 '东棉花胡同(둥몐화후퉁)'의 원래 이름인
棉花胡同이 1965년에 한때 다른 이름으로 바뀌었다가 원래 명칭을 회복할 때 西城区에도
'棉花胡同(몐화후퉁)'이 있어서 이와 구분하기 위해 '东'자를 붙였다. 둘째, 일부 골목은
관련된 지역과 함께 하나의 세트로 만들기 위해 이름을 붙인 경우이다. 예를 들면, '南/北

　이러한 차이가 나타난 것은 중국어의 위치 선정 방식과 관련이 있다. 일반적으로 위치 선정에는 두 가지 방식이 있는데, 하나는 목표물이 먼저 출현하고, 다음으로 참조체가 출현하는 목표물-참조체 방식이고, 다른 하나는 그 반대로 참조체가 먼저 출현하고, 다음으로 목표물이 출현하는 참조체-목표물 방식이다. 刘宁生(1995), 沈家煊(1999)은 목표물과 참조체 간의 관계에 대해 논술을 한 바 있다. 예를 보자.

　'锣鼓巷(난/베이뤄구샹)'의 경우, 『北京地名典』에 따르면 '南锣鼓巷'은 명대에 이미 있었는데, 당시에는 '锣锅巷(뤄구샹)'으로 부르다가 청대에 '锣锅(뤄구)'가 되었다. '北锣鼓巷'의 출현은 비교적 늦어서, 청대에 『京城全图』에 처음 출현한다. 원래의 '锣鼓巷'이 북부에 위치하기 때문에 '北锣鼓巷'이라 불렸고, '锣鼓巷'도 이에 맞춰 '南锣鼓巷'으로 개칭하였다. '南/北锣鼓巷'은 현재의 지도상에서 보면 도로가 교차하여 연결된 것으로 보이지만 역사적인 연혁으로 보면 만들어진 시간이 다른 두 길이다. 이로 인해 '锣鼓南巷'과 '锣鼓北巷'이라는 명칭을 사용하지 않는다. 셋째, 도로 개명 시 어떤 글자를 생략하여 만들어진 경우이다. 예를 들면, '北兵马司胡同(베이빙마쓰후퉁)'과 '兵马司胡同'은 원래 이름이 '北城兵马司(베이청빙마쓰)'과 '西城兵马司(시청빙마쓰)'였다. 이상 세 가지 명명 방식은 본고의 기본 관점과 일치한다. 넷째, 원래 하나의 도로가 있었는데 나중에 여러 가지 이유로 몇 단락으로 나뉘어져서 구분을 위해 앞에 방위사를 붙인 경우이다. 예를 들면, '东/西长安街(둥/시창안제)', '东/西绒线胡同(둥/시룽셴후퉁)' 등이 이에 해당된다.
　익명의 심사위원도 필자에게 이러한 도로명이 본고에서 말한 일반적인 경향성에 부합되지 않는다고 지적했다. 필자는 상하이 등 다른 도시보다 베이징의 지명에 '방위사+고유명사/보통명사'의 방식이 더 많이 나타나는 것을 발견했는데, 이는 베이징 도로 배치의 역사적 특성과 관련이 있을 것으로 추측된다.
　원·명·청 3대 도성(都城)인 베이징의 도로는 대체로 반듯한데, 정남북 방향이나 동서 방향의 직선 도로가 많은 반면 비스듬한 도로는 적다. 동시에 도시의 동·서·남·북 각 구열별로 사회 계층은 현저한 차이가 있기 때문에 동서남북의 지리적 방위는 베이징 시민에게 특히 중요하다. 이러한 방위는 어떤 구체적인 위치를 확인하는 중요한 참조가 되며, 장소의 이름을 지을 때도 흔히 동서남북의 큰 방위로 먼저 구분한다. 이것은 도로명에도 잘 드러나 있는데, 이를 보여주는 다른 방증들도 있다.
　또 张清常(1996)은 베이징의 '右安门(유안먼)'이 명나라 중엽에 세운 외성의 성벽 남쪽 선 위에 있었으며, 남쪽 담의 서쪽 끝에 있는 문이라고 제시했다. 따라서 이 문은 '西南(시난)'의 조합이 중국어의 습관에는 더욱 부합함에도 불구하고 '南西门(난시먼)'이라는 속명이 있는데, 이 역시 문이 도시 전체에서 위치하는 대 방위를 먼저 확정한 다음에 작은 방위를 정한 것이다.

(25) 亭子在湖中心。 정자가 호수 가운데 있다.

(26) 湖中心有亭子。 호수 가운데 정자가 있다.

예(25)의 표현 순서는 목표물에서 참조체이고, 예(26)의 표현 순서는
참조체에서 목표물이다.

沈家煊(1999)은 사물의 위치를 나타내는 명사구에서 중국어는 반드시
참조체가 앞에 있고 목표물이 뒤에 있지만, 영어는 목표물이 앞에 있고
참조체는 뒤에 있다고 지적했다. 또 사물의 위치를 나타내는 문장에서
중국어는 참조체에서 목표물의 순서가 일반적이고 무표적인 문형이지
만, 영어는 목표물에서 참조체의 순서가 일반적이고 무표적인 문형이라
고 하였다. 도로를 명명하는 것 역시 사물을 위치시키는 것이기 때문에
영어와 중국어는 역시 그 자체의 규칙을 따른다. 예를 들어, 미국 뉴욕
맨해튼 구역의 거리 명명을 보면, 5번가(Fifth Avenue)가 맨해튼을 동구와
서구로 나누기 때문에 동서 방향의 도로는 주로 '동'이나 '서'를 사용하
여 명명한다. 116번가(116 Street)는 East 116 Street와 West 116 Street로 나
누는 것이다. 그들의 명명 방식은 구체적인 방위가 동쪽이냐 서쪽이냐
를 먼저 말한 뒤에 참조체인 특정 거리를 말하는 방식이다. 반면, '淮海
东路'라는 명칭은 마침 이와는 정반대인데, '淮海路'를 참조체로 먼저 말
한 뒤에 구체적인 구간을 세분화해 목표물을 가리키는 방식이다.

중국어는 시간과 방위에 대해서 묘사를 할 때는 또 다른 특징을 가지
고 있는데, 먼저 넓은 범위를 말하고 작은 범위를 말하는 것이다. 많은
경우에 이 원칙의 구체적인 표현은 참조체-목표물의 순서와 일치한다.
예를 들어, 앞에서 언급한 '淮海东路'를 보면 '淮海路'는 큰 범위이고,
'淮海东路'는 동쪽 단락으로 작은 범위이므로 '淮海路东路'가 되고, 여기

서 가운데 있는 동음자 '路'가 탈락하여 형성된 이름으로 이해할 수 있다.

큰 범위-작은 범위 순의 원칙은 일반적으로 위치를 나타내려는 사물이 참조체에 속하는 경우에 적용된다. 그런데 '东, 西橫浜路'와 '橫浜路'는 또 다른 경우이다. 이들 세 길 사이에는 종속 관계가 없으므로 큰 범위인지 작은 범위인지 구분할 수가 없다. 따라서 오해를 피하려고 명명된 도로를 참조체가 가리키는 도로의 일부라고 간주하기 위해서 유표적인 목표물-참조체의 명명 방식을 채택한 것이다.

베이징(北京)의 도로명 가운데는 또 다음 그림과 같은 경우도 있다.

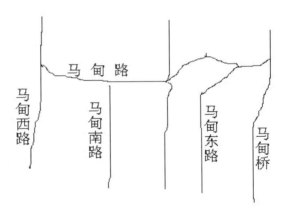

그림에서 '马甸路(마뎬루)'와 그 관련된 도로들은 마치 위에서 말한 원칙을 위반한 것처럼 보인다. 그 이유는 방위사가 중간에 놓여 있는데도 전혀 다른 세 개의 길을 나타내기 때문이다. 그런데 사실은 그렇지가 않다. 2006년 12월 11일자 『京报网』에 따르면, 清대 乾隆 시기에 이 지역은 말 판매자와 구매자의 집산지였기 때문에 '马店(마뎬)'으로 불렸으며, 이후 民国시기에 현재의 '马甸'으로 개칭되었다. 이로써 '马甸'이라는 지명의 유래가 오래되었음을 알 수 있으므로, '马甸西路(마덴시루), 马甸中路 (마덴중루), 马甸东路(마덴둥루)'는 여전히 참조체-목표물의 명명 방식을 통해 만들어진 이름으로 이해해야 한다. 다만, 여기서 참조체가 거리가 아닌 하나의 지역일 뿐이다. 물론, '东直门外大街(둥즈먼와이다제), 德胜门西大街(더성먼시다제)'처럼 어떤 지점을 참조체로 삼는 경우도 있다.

여기서 참조체인 '马甸, 东直门, 德胜门'은 모두 도로명이 아니어서 위치를 정하고자 하는 도로를 다른 도로의 일부로 오해할 수가 없기 때문에 모두 참조체-목표물의 명명 방식을 채택한 것이다.

위의 세 그림에서 보듯이, 사물의 위치를 나타낼 때 일반적으로 참조체-목표물 모델을 사용하는 중국어의 경향성이 '四川北路'와 같은 명명 방식을 대량 양산하는 중요한 인지 의미적인 원인이 된다. 하지만 이와 동시에 간혹 오해를 피하기 위해서 '北四川路'라는 유표적 형식을 사용하기도 한다.

물론 도시의 도로 명칭 가운데 '四川北路'의 방식이 '北四川路'보다 더 흔하고, 간혹 서로 연결되어 있지 않은 몇몇 도로에도 '四川北路'의 방식으로 명명할 수도 있다. 그러나 이 경우의 역은 성립하지 않는데, 四川路의 북단을 가리키려면 '北四川路'라고 할 수 없다.

본고는 '北四川路'가 가리키는 거리의 상황을 도로 평행(街道平行)이라고 부르고, '四川北路'가 四川路의 북단을 가리키는 것과 같은 경우를 도로 교차(街道贯连)라 부르기로 한다. '东横浜路'는 전자에 속하고, '淮海东路'는 후자에 속한다. 이 두 가지 명명 방식으로 표현된 의미는 다음과 같은 왜곡 관계(비대칭 관계)로 나타낼 수 있다.

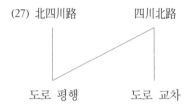

(27) 北四川路　　四川北路

　　　도로 평행　　　도로 교차

　여러 갈래로 이어진 거리를 가리킬 때는 '四川北路'만 쓸 수 있고, '北四川路'는 쓸 수 없는데, 이는 인지 의미상의 참조체-목표물 원칙을 지키면서 운율 규칙에도 부합되기 때문에 아주 좋은 구조가 된다. 몇 개의 평행한 거리를 가리킬 때는 '四川北路'와 '北四川路'를 모두 쓸 수 있다. 전자의 사용은 의미상 명확성의 필요 때문이고, 후자의 사용은 의미상 명확성을 희생하는 대신 참조체-목표물 원칙과 운율 규칙을 충족하게 된다.

　'東橫浜路'와 '西橫浜路'는 분명 의미상 명확성의 필요를 충족시키는 쪽을 선택한 명칭인 것이다.

7. 맺음말

　본고는 단음절 관형어가 첫머리에 올 수 없는 여러 운율 규칙들을 '운율 조건'이라 부르기로 한다. 두 개의 관형어와 중심어의 의미 긴밀도가 가까운 것은 '의미 긴밀도 인접 원칙'에 부합한다고 말하고, '+'로 표기한다. 중심어와의 의미 긴밀도 차이가 큰 것은 '의미 긴밀도 인접 원칙'에 위배된다고 말하며, '-'로 표기한다. 본고의 앞 네 개의 절에서 논의한 몇 그룹의 예는 대략 다음 표와 같이 요약할 수 있다.

원래 형식	운율 조건	의미 긴밀도 인접 원칙	단음절 관형어 위치 이동 가능성
大₂汉语词典	+	+	+
黑皮革沙发	+	-	-
甜红豆粥	+	-	-
大方形桶	+	+	+

위의 표에서 잘 알 수 있듯이, 여러 개의 관형어를 가진 관형어-중심어 구조에서 운율상 첫 단음절 관형어의 후치를 요구하더라도, 단음절 관형어의 위치 이동 여부는 최종적으로 의미 긴밀도 인접 원칙의 제약을 받는다. 그 단음절 관형어와 후속하는 관형어가 중심어와의 의미 긴밀도가 서로 가까워야만 결국 위치 이동이 가능하다.

또한 5절의 분석은 더 나아가 위치 이동 후에 단음절 관형어가 최종적으로 도달한 위치도 역시 의미 긴밀도 인접 원칙과 밀접하게 관련이 있다는 것을 설명한다.

'东横浜路'와 '甜红豆粥'가 모두 의미 제약으로 인해 단음절 관형어 후치가 불가능한 점을 감안하면, 의미를 단음절 관형어의 위치 이동 여부를 결정하는 일차적인 제약 요인으로 볼 수 있다.

參考文獻

冯胜利, 1998,「论汉语的"自然音步"」,『中国语文』第1期。

_____, 2000,『汉语韵律句法学』, 上海教育出版社。

刘宁生, 1995,「汉语偏正结构的认知基础及其在语序类型学上的意义」,『中国语文』第2期。

陆丙甫, 1993,『核心推导语法』, 上海教育出版社。

_____, 2005,「语序优势的认知解释」,『当代语言学』第1期。

沈家煊, 1999,「英汉方所概念的表达」,『汉英对比语法论集』, 上海外语教育出版社。

王 彬·徐秀珊, 2008,『北京地名典』, 中国文联出版社。

张 敏, 1998,『认知语言学与汉语名词短语』, 中国社会科学出版社。

张清常, 1996,「北京街巷名称中的14个方位词」,『中国语文』第1期。

周 韧, 2006,『现代汉语韵律与语法的互动关系研究』, 北京大学博士论文。

Chen, Matthew. Y (陈渊泉). 2000. *Tone Sandhi: Patterns Across Chinese Dialects*. Cambridge, Mass: Cambridge University Press.

Duanmu, San (端木三). 1997. Phonologically motivated word order movement: evidence from Chinese Compounds. *Studies in the Linguistics Sciences* 27:49-77.

_____. 2000. *The Phonology of Standard Chinese*. Oxford University Press. revised in 2006.

저자 | 커항 柯航
현 베이징사범대학교 문화학원 교수
중국사회과학원 연구생원 언어학과 언어문자학 박사
인지언어학, 기능주의 언어학, 운율문법 방면의 연구를 주로 진행하고 있으며, 『中国语文』과 『汉语学习』 등의 다수의 논문을 발표하였다. 박사학위 논문을 보완하여 출판한 『现代汉语单双音节搭配研究』(商务印书馆, 2012)는 제2회 罗常培 언어학 2등상(2014)을 수상한 바 있다.

역자 | 이선희 李善熙
현 계명대학교 인문국제학대학 중국어문학전공 교수
중국사회과학원 연구생원 언어학과 언어문자학 박사
영국 University of Cambridge 방문학자
중국어 인지언어학, 중국어 통사론, 한중비교언어학에 관심을 가지고 연구하고 있다. 역서로 『중국어문법 6강(语法六讲)』(2016), 『중국어와 문화교류(汉语与文化交际)』(2017), 『중국어문법에 관한 대담(语法答问)』(2018), 『중국어 품사문제(汉语词类问题)』(2019)가 있고, 「중국어 客觀報道의 주관성 표현 분석」, 「한중 '슬픔'과 '두려움' 은유 표현 인지적 연구」 등 다수의 논문을 발표하였다.

중국어 운율과 문법

초판 1쇄 인쇄 2020년 6월 15일
초판 1쇄 발행 2020년 6월 25일

저　자 커항 柯航
역　자 이선희
펴낸이 이대현
편　집 임애정

펴낸곳 도서출판 역락
주　소 서울시 서초구 동광로 46길 6-6 문창빌딩 2층
전　화 02-3409-2058, 2060/ 팩　스 02-3409-2059
등　록 1999년 4월 19일 제303-2002-000014호
이메일 youkrack@hanmail.net

ISBN 979-11-6244-542-6 93720

* 파본은 구입처에서 교환해 드립니다.
* 책값은 뒤표지에 있습니다.